RECTO

RECTO

Les parents parlent des enseignants

Michel LAFON

118, avenue Achille-Peretti – CS 70024
92521 Neuilly-sur-Seine Cedex
www.michel-lafon.com

À mes trois amours :
la Clo, la Crevette (et son Ulysse) et Titi.

Chère lectrice, cher lecteur,

Résumer en deux phrases les rapports parents-enseignants ?

« Nous vous aimons !

– Nous non plus ! »

La colère est mauvaise conseillère, dit-on. Mais elle a l'avantage incomparable de sublimer, pour notre plus grand bonheur, l'esprit des auteurs de petites phrases assassines, de considérations philosophiques personnelles ou autres calembours douteux… Et comme à peu près chacune des 65 millions d'âmes que compte notre pays a un avis bien tranché sur l'éducation…

Depuis plus de trente-cinq ans (dont vingt-cinq de cumul enseignant et parent !), j'ai eu à maintes reprises l'occasion d'assister à des saynètes de défouloir, que ce soit dans un des établissements scolaires dans lesquels j'exerçais (jour de rentrée, salle des maîtres, salle des professeurs, réunions de parents, « heure des mamans », remise des bulletins, etc.) ou tout simplement au cours de soirées privées (les enseignants se fréquentent, se marient et se reproduisent entre eux, c'est bien connu).

J'ai donc entendu, puis noté avec délectation des centaines de saillies drôles, piquantes, savoureuses, provocantes, lapidaires, que sais-je encore, tout droit sorties du cœur de leurs auteurs.

Je vous présente dans ce recueil les plus beaux joyaux de ma collection.

Merci à tous les parents, à tous les collègues et néanmoins amis que j'ai surpris, à leur insu ou non, dans leurs élucubrations verbales. Leur humour, souvent involontaire car déclamé sous le coup de l'émotion, est inégalable et fera rétrospectivement leur joie… Enfin j'espère, puisqu'ils ne sont pas rancuniers (postulat).

Et puis, comme le dit le proverbe populaire : *Qui aime bien châtie bien !*

Vous avez donc entre les mains plusieurs décennies de quiproquos, de mauvaise foi et de jugements hâtifs émis spontanément, qui ont en filigrane un point commun : le profond désir de réussite pour le petit, qu'il soit un enfant (version parents) ou un élève (version enseignants).

Puissiez-vous prendre autant de plaisir à lire ces répliques que j'en ai eu à les recueillir.

Bonne lecture !

Patrice ROMAIN
patrice.romain@hotmail.fr
http://patriceromain44-blogspot.fr

I.
Ils sont toujours en vacances

« Le secret du succès est de faire de ta vocation tes vacances. »

MARK TWAIN,
écrivain américain (1835-1910)

À la rentrée de septembre, les enseignants sont en vacances depuis tellement longtemps qu'ils ont oublié comment on fait pour travailler.

Si tu veux lancer une conversation avec des profs, tu leur demandes juste :
« Alors, ces vacances ? »
Ensuite, tu es tranquille pendant toute la soirée.

Tu as déjà essayé de retirer la gamelle d'un berger allemand affamé ? Alors, tu comprends pourquoi jamais un ministre n'osera leur amputer leurs vacances !

Indochine[1] chantait *Trois nuits par semaine.* Le Tube des profs, c'est *Trois jours par semaine.*

Heureusement que les enseignants ont l'école pour se remettre de leurs vacances, autrement ils ne tiendraient pas le coup.

C'est le même principe que les huîtres : les mois en *r*, ce sont les mois où ils ont des vacances. Les autres mois ?… Ils se reposent.

Les enseignants, ce sont les seuls qui protesteraient si on inversait les temps de travail et de vacances.

C'est le rythme de l'Éducation nationale : deux semaines de vacances, et sept pour se les raconter pendant les récrés, s'échanger des bons plans et préparer les suivantes.

L'instit de mon fils trouve qu'il n'a pas assez de vacances, alors il emmène ses élèves en classe de neige.

1. Groupe pop français.

Ils sont toujours en vacances

Il y a de multiples raisons qui poussent à embrasser la carrière d'enseignant : juillet, août, la Toussaint, Noël, Pâques, etc.

II.
Ils sont toujours en grève

« Je n'ai jamais très bien compris pourquoi une semaine de grève s'appelle une semaine d'action. »

André Frossard de l'Académie française,
écrivain français (1915-1995)

Tu as lu *La Princesse de Clèves* ? Notre fils, lui, cette année, il a hérité de la princesse des grèves.

L'instit d'Albertine investit dans les grèves. C'est plus risqué que le livret A, mais ça peut rapporter plus.

Si le maître de Rosy est irascible en ce moment, c'est parce u'il est en manque de manif. C'est un grévo-dépendant.

Lorsque les instits sont passés de quatre jours et demi de travail par semaine à quatre jours, ils ont fait grève. Quand ils sont revenus à quatre jours et demi, ils ont encore fait grève. Si le prochain ministre annonce un *statu quo*, ils vont tous descendre dans la rue.

Pour s'endormir, il y en a qui comptent les moutons. Moi, je compte les journées de grève de la maîtresse de ma fille.

Je connaissais le film *Marche ou crève.* Mais dans l'Éducation nationale, c'est plutôt « marche et grève ».

Est-ce que, au moins la semaine prochaine, son prof va déposer un préavis de travail ?

L'instit de Yoann est CGTiste et passe toujours ses vacances au bord de la mer. Bref, c'est un accro des grèves.

Un jour peut-être, le prof de français de mon fils fera un cours correct. Mais en tout cas pas demain, il y a grève.

Il suffit de supprimer le ministère de l'Éducation nationale : plus de ministre, plus de grève. CQFD !

Les profs se plaignent que nos enfants se défilent pour aller au tableau, mais eux, ça ne les gêne pas de défiler régulièrement dans les rues !

Je ne comprends rien à l'Éducation nationale. À chaque rentrée, le ministre raconte que tout s'est parfaitement déroulé, et une semaine plus tard, ils sont tous en grève !

III.
Ils sont toujours absents

« L'absence ne fait mal que de ceux que l'on aime. »

PIERRE CORNEILLE,
dramaturge français (1606-1684)

Tu m'étonnes que les députés soient toujours absents de l'hémicycle ! Ce sont tous des anciens profs !

Ma fille est tombée sur une prof TVA incluse (Très Volontiers Absente).

L'instit de Wendy est encore absent ! Pour ses élèves, c'est l'école obligatoire, mais pour lui, c'est l'école facultative...

La journée de carence ? Tu parles ! Pour son prof de physique, ça devrait être la semaine de carence !

Son maître est encore en retard. Évidemment, il va nous faire le coup de la panne. À son âge !

Aujourd'hui, son prof d'espagnol était présent. Il aurait fallu lui demander ce que ça lui faisait comme impression.

Ce serait amusant que son professeur de mathématiques soit absent à cause de calculs rénaux.

J'imagine un monde sans guerre, où tous les gens mangeraient à leur faim et où les professeurs ne seraient pas absents. Mais bon, il ne faut pas rêver.

Moi, si mon fils est absent, je dois remplir un billet d'absence dans son carnet de liaison. Mais est-ce que son prof de français, quand il est là, remplit un billet de présence ?

L'instit de mon fils, c'est comme un professeur d'école, mais en plus absent.

Avec lui, chaque vendredi, c'est *Yes, week-end*[1].

On a mis notre fille dans une école laïque et, pas de chance, elle est tombée sur un maître polythéiste : il est absent à chaque fête religieuse.

1. En parlant d'un professeur d'anglais. Allusion au *Yes, we can !* de Barack Obama, prononcé à l'occasion d'un discours dans le New Hampshire le 10 janvier 2008, lors de la campagne électorale pour la présidence des États-Unis d'Amérique.

IV.
Ils ont un sacré caractère

« Certains pensent qu'il suffit d'avoir mauvais caractère pour avoir du caractère, comme s'il suffisait d'avoir mauvaise haleine pour avoir du souffle ! »

GRÉGOIRE LACROIX,
écrivain français (né en 1933)

Un prof qui se prend au sérieux, c'est un pléonasme, et un prof qui a le sens de l'humour, c'est un oxymore.

Les ancêtres du professeur d'espagnol de Guylaine doivent être fiers de lui, c'est un vrai con qui s'adore.

Le maître de Gérard joue les pédagogues. Mais est-ce qu'il a remarqué que dans *pédagogue*, il y a *pédant* et *gogues* ? Et en plus, *gogues*, c'est les chiottes !

En sortant de sa salle de classe, ça a fait *bang*, parce que j'ai franchi le mur du con.

À la remise du bulletin, je n'ai rien dit durant l'entretien, car je ne voulais pas interrompre le professeur principal de mon fils.

La maîtresse du CE2, c'est la coqueluche des parents : elle les fait tousser.

Ma fille n'a pas un professeur, elle a un con presseur : il te gonfle en moins de deux.

Tu as deux sortes d'enseignants, les coques et les pitbulls. Si tu t'approches trop d'eux, soit ils se referment, soit ils te mordent.

Si c'étaient les parents qui élisaient le directeur, il y a belle lurette qu'il aurait dégagé !

Ma fille a un prof hybride, moitié prétentieux, moitié arrogant.

Il existe du café sans caféine, du Coca sans sucre et de l'essence sans plomb. Il ne pourrait pas y avoir une équipe d'enseignants sans imbécile ?

C'est une militante pure et dure du SNES[1], mais elle est sympa quand même.

Tu prends un vieux beau. Tu ajoutes une dose de revendications corporatistes, une pincée de complexe de supériorité et un zeste de morgue. Tu secoues bien et tu fais le vide à l'intérieur. Tu obtiens l'instit de mon fils.

Déjà, son prof est présent, estime-toi heureux. Tu ne vas pas en plus lui demander d'être aimable ?

Le directeur, ça ne m'étonne pas qu'il veuille être élu au Parlement. Quand il est avec les parents d'élèves, il leur parle et il leur ment.

1. Syndicat national des enseignements de second degré.

À mon époque, les professeurs étaient cultivés et distingués. *O tempora, o mores!* Les temps changent... »

Son professeur de maths a la frime équilatérale : son côté frimeur est égal à son côté crâneur et à son côté prétentieux.

La prof de ma fille est une endive : quand on la rencontre, elle est blanche, elle est amère et elle nous fait des salades.

Avant d'apprendre à lire aux gamins, la maîtresse du CP, elle devrait apprendre à sourire.

Son instit nous a dit que l'on n'apprend que quand on comprend, mais c'est plutôt lui qui nous prend pour des cons !

Le prof de Carole, il est aussi drôle qu'une blague Carambar, l'humour en moins. Tu vois ce qui reste...

Les mères d'élèves se pâment devant l'instit de ma fille. C'est un maître queux.

Vu tout ce que me racontait mon fils, je croyais que son maître jouait un rôle… Eh bien non !

Quand tu l'écoutes, la maîtresse de Yaëlle fait très psy. Pas psychologue, psychopathe.

J'ai un sujet pour le bac de philo : « La fonction d'enseignant est-elle compatible avec la tolérance ? »

Dans le biotope de la salle des profs, on trouve des petits coqs, des dindes, des paons, des bécasses, mais aussi des blaireaux, des roquets, des couleuvres, et même quelques gros nounours.

Son professeur de mathématiques a le nez aigu et l'esprit obtus.

Le prof de SVT[1] de Jacques leur a fait une information sur le sida. Mais c'est plutôt lui qui est séropositif à la bêtise !

1. Sciences de la Vie et de la Terre.

Le maître des CM2 est con comme le balai dont il ne se sert sûrement jamais.

Le principal principe du principal, c'est de ne pas en avoir.

Ce n'est pas de phobie scolaire dont souffre ma fille, c'est uniquement de phobie professorale ciblée.

Côté borné, le professeur d'anglais de Solène, c'est *no limit*.

Ton prof de maths, je ne le calcule pas.

Quand tu dis « la perfide Albion », tu parles de l'Angleterre ou de la prof d'anglais ?

Le maître de Thiphaine bave autant qu'un bouledogue, mais lui, c'est sur ses collègues.

En cours, le prof de mon fils carbure au super : à la moindre étincelle, il explose.

Je connaissais déjà le faucon crécerelle. Maintenant que j'ai vu le conseiller d'orientation, je connais désormais le vrai con des brêles.

Le directeur de l'école primaire mérite de figurer au tableau d'honneur… de leçons.

Je viens de voir le ménestrel. Il m'a joué du pipeau[1].

Tiens ! Voilà la psychopathe des verbes irréguliers[2].

La maîtresse de Noémie a un caractère à l'image de sa coiffure : souvent en pétard.

Pour Noël, je vais offrir un DVD à l'instit d'Océane. *Le Maître d'école*, c'est trop commun. J'hésite entre *Le Corniaud* et *L'Emmerdeur.*

1. En parlant d'un professeur d'éducation musicale.
2. En parlant d'une professeure d'anglais.

La prof de maths de ma fille, c'est une jeune pousse, elle est encore verte et tendre avec les élèves. En revanche, son prof de technologie, c'est du bois mort, il est sec et cassant.

V.
Ils se croient sortis de la cuisse de Jupiter

« Les prétentieux mettent tant de vertus en dehors qu'il ne doit plus leur en rester au-dedans. »

HONORÉ DE BALZAC,
écrivain français (1799-1850)

La différence entre Dieu et les profs, c'est que Dieu, il ne se prend pas pour un prof.

La maîtresse de ma fille, c'est la seule narcisse qui fleurit toute l'année.

Le problème, c'est que le directeur exige que ses élèves conjuguent le verbe être, alors que lui se contente du verbe paraître.

Si tu dis au professeur principal des 4ᵉA que tu l'apprécies, il te répondra :

« Oui, moi aussi, je m'apprécie beaucoup. »

Quand tu écoutes le maître de Christine, il en déroule comme du PQ, mais si tu grattes un peu, c'est aussi comme le PQ, tout s'effrite.

On sait bien que les profs pensent tous mériter une place au Père-Lachaise. Mais celui de Rachel, c'est carrément au Panthéon.

L'instit de Balthazar, c'est le style à dire « diantre, je souffre de myoclonie phrénoglottique », plutôt que « mince, j'ai le hoquet ».

Le maître des CE2 fait comme ses élèves au goûter avec la confiture : s'il étale sa culture, c'est parce qu'il n'en a pas beaucoup.

La prétention est à son prof de mathématiques ce que l'infini est à la matière qu'il enseigne.

Le directeur est persuadé d'être à sa juste place, mais en fait il a juste une place au chaud.

L'Olympe n'est pas assez vaste pour accueillir tous les instits.

Le maître de mon fils se prend pour ce qu'il n'est pas : un homme aimable et séduisant.

C'est pire que la révolution copernicienne : l'héliocentrisme est remis en cause. Ce n'est plus le Soleil le centre du monde, c'est l'instit de Serge. Remarque, il doit penser que ça revient au même.

La remplaçante du CPB a vite appris au contact de ses collègues : elle débute à peine et elle est déjà atteinte de melonite.

Non seulement le maître de Roger a la grosse tête, mais en plus elle est pleine de vide.

Si le principal marmonne tout seul, c'est parce qu'il ne discute qu'avec des gens qu'il juge dignes de lui.

Le directeur devrait mettre un képi, ça collerait mieux avec son attitude de militaire et ça empêcherait sa tête d'enfler.

J'ai feuilleté le dictionnaire du petit prof illustré, je n'y ai pas trouvé le mot *humilité*.

Rassure-moi : toutes les professeures d'anglais ne se prennent quand même pas pour la reine mère ?

Les cimetières sont remplis de gens indispensables… Comme apparemment la salle des professeurs de ce collège.

Si seulement le CPE[1] était aussi exigeant avec lui-même qu'avec les élèves !

La maîtresse des CE1, elle se croit la pou belle, mais quand elle déverse le flot de ses paroles, c'est le tout-à-l'ego.

1. Conseiller principal d'éducation.

Je ne comprends rien à ce que dit la directrice : elle parle l'IUFMien[1].

Je me demande si, à l'Éducation nationale, l'hypercéphalie est reconnue comme maladie professionnelle.

À l'armée, par ordre croissant de grade, tu as caporal, sergent, capitaine et général. Au-dessus, tu as professeur.

Ce prof[2] est un vrai coiffeur. Quand tu parles, il te coupe, quand il parle, il te rase.

C'est sa matière qui lui monte à la tête, à la Gretchen[3] ? Quand tu vas la voir, c'est à peine si tu ne dois pas te mettre au garde-à-vous et crier :

Jawohl, Generalfeldmarschall !

1. Institut universitaire de formation des maîtres.
2. Au sortir d'un entretien.
3. Parlant d'une professeure d'allemand.

Si on achetait l'instit de Daphnée le prix qu'il vaut et qu'on le revendait au prix qu'il s'estime, on ferait un sacré bénéfice !

Le prof de français de Maxence a obtenu sa mutation : il part dans un lycée. Je ne sais pas si le collège va s'en remettre…

Demain, réunion de rentrée avec les profs. Je vais faire ma cure annuelle d'egothérapie.

Comme exemple pour l'étude du micron, son professeur de mathématiques devrait leur donner à diviser le nombre d'enseignants sérieux par le nombre d'enseignants qui se prennent au sérieux.

VI.
Ils veulent toujours avoir raison

« Avouer qu'on a eu tort, c'est prouver modestement qu'on est devenu plus raisonnable. »

JONATHAN SWIFT,
écrivain irlandais (1667-1745)

Tu mets trois profs ensemble dans une salle de classe, tu as quatre chefs !

Je suis sûr que quand il était à la crèche, le maître de mon fils avait déjà la prétention d'apprendre aux puéricultrices à changer les couches.

Léonard de Vinci a un descendant, c'est le prof de ma fille. Il s'imagine posséder la science infuse…

La devise du professeur de latin de Bérangère est *Errare non professorum est.*

Ton maître, le jour où il ne voudra pas avoir le dernier mot, c'est qu'il sera mort !

L'instit de Rosalie a toujours raison. La preuve, c'est qu'il est bien vivant alors que le tort tue.

Ce n'est pas parce qu'il est professeur d'histoire qu'il doit se prendre pour Napoléon !

Je me suis préparée pour mon rendez-vous avec la prof principale de mon fils. J'ai pris ma trithérapie : une pilule de Dicomel, une de Faicomel et une de Panscomel.

Le professeur de français de Gilbert, ça m'étonnerait qu'il soit certifié HQE (Haute Qualité d'Écoute[1]) !

1. Allusion à la norme « haute qualité environnementale ».

VII.
Ils ne sont pas compétents

« La compétence ou l'incompétence n'ont pas d'âge. »

MICHEL BOUTHOT,
écrivain québécois (né en 1958)

Ce n'est pas une vraie instit, elle n'est que remplaçante. Le coach ne la fait entrer qu'en cas de blessure d'un titulaire. Peut-être, quand elle connaîtra l'accord du participe passé avec avoir…

Jamais instit « primaire » n'aura mieux porté son nom que le maître de ma fille.

La prof de Gatien leur parle l'anglais avec l'accent du Midi ! Si encore c'était avec l'accent ch'ti ! Parce que l'Angleterre, c'est quand même plus proche de Lille que de Marseille !

La maîtresse des CP est aussi efficace pour surveiller la cour qu'un garde-champêtre lâché dans la cité des 4000 à La Courneuve.

Sa prof leur fait faire des dictées. C'est un peu comme si un poisson leur apprenait à voler…

Finalement, je me demande si ce n'est pas le maître de mon fils qui tire la classe vers le bas.

Je serais curieuse de voir ce que ça donnerait si on faisait repasser le certificat d'études à l'instit d'Étienne !

Mince, ils l'ont relâchée ! Ta prof de l'année dernière est revenue !

Ne me dis quand même pas qu'avec son orthographe d'illettrée, cette maîtresse a un bac plus trois ?

Il ne s'appelle pas Éole, ton professeur de français ? Parce que ses cours, ce n'est que du vent !

Elle est chargée d'apprendre l'orthographe à nos enfants, et elle écrit *papa* avec trois p !

L'ancienne maîtresse de mon fils a bien fait de rester au CE1 : plus haut, intellectuellement, elle n'aurait pas pu.

C'est un prof Tac-o-Tac : au début, tu es tout content de l'avoir, tu es plein d'espoir, et puis tu grattes et tu es déçu car tu n'as rien.

Le directeur parle lentement, mais c'est pour comprendre lui-même ce qu'il dit.

Ce n'est pas possible ! Si elle enseigne, c'est qu'il ne doit pas y avoir de dictée au concours de prof !

Il est professeur de maths, mais on ne peut pas compter sur lui.

Je vais apporter une feuille remplie de « s » à l'instit de Dorothée. Ça lui servira chaque fois qu'il en oublie.

Si tu n'es pas philosophe, et que tu parles du *Discours de la méthode*, tu l'abîmes. Mais la prof de Frédéric, c'est entre son discours et sa méthode qu'il y a un abîme.

Le maître de mon fils dit qu'il manque de maturité. C'est sûr que lui, vu son âge, ça m'étonnerait qu'il soit encore vert.

La remplaçante du prof de français de Richard, on la confond avec ses élèves : même taille, même allure, même niveau scolaire.

C'est peut-être parce qu'il est professeur de physique que M. Dupont est branché sur courant alternatif.

S'il est instit, c'est bien fait pour lui, il n'avait qu'à travailler à l'école.

Je sors de chez la conseillère d'orientation, et je suis plus désorientée qu'autre chose.

Le problème, c'est que quand son maître corrige une copie, il fait plus de fautes que mon fils.

La CPE, c'est comme la cavalerie, elle arrive toujours après la bataille.

Dans ce collège, il faudrait des assistants pour éduquer les assistants d'éducation.

Son professeur de technologie, c'est plutôt un professeur de techno-illogique.

La maîtresse de Gertrude exige que ses élèves s'expriment correctement. Tu saisis le comique de situation ?

L'institutrice de ma fille souffre de myopie orthographique : elle ne voit pas les fautes de ses élèves !

La devise du prof d'histoire-géo de Gustave est : *Je picole, je rigole, je mets des colles.*

C'est paradoxal pour un professeur d'éducation physique et sportive. M. Dubois n'a ni éducation ni physique de rêve. Et il n'est pas sportif.

La prof d'arts plastiques d'Elsa est comme le bleu, le rouge et le jaune : primaire.

À son CAPES[1] de français, la prof de Ghislaine n'a pas dû choisir l'option orthographe.

L'instituteur de ma fille a transmis son savoir à tellement d'élèves qu'aujourd'hui il ne lui en reste plus à distribuer.

Mon fils a un maître « cristal d'Arques » : fragile et transparent comme du verre.

Cette maîtresse, ça fait vingt ans qu'elle fait le CP. Elle ne sait toujours pas lire ?

1. Certificat d'aptitude au professorat de l'enseignement du second degré.

Je me méfie de son professeur de technologie : qui dit techno dit ecstasy.

Il fait plus désagrégé qu'agrégé, ce prof d'allemand.

Le directeur du primaire doit sans doute aimer son métier, mais ce n'est pas réciproque.

Ils racontent vraiment n'importe quoi, ces vieux profs séniles. C'est la dérive des incontinents.

Une chose est sûre, ton prof d'histoire n'aurait pas pu vivre au siècle des Lumières !

Je mets un pull à mon fils pour ne pas qu'il attrape froid en classe, avec son instituteur qui ne fait que brasser de l'air.

Sa maîtresse aurait bien besoin de lunettes correctrices, mais pour les copies.

On se fait arnaquer : le prof de mon fils bégaie, mais ses cours ne durent pas plus longtemps.

Le contenu de ses cours ?… DSLS : Dieu Seul Le Sait.

Quand tu vois son talent naturel, tu te dis que M. Durand n'aurait pas dû faire prof, mais plutôt anesthésiste.

Un bon joueur de foot ne fait pas forcément un bon entraîneur. Eh bien, j'ai la preuve que c'est la même chose pour les profs de physique.

En classe, leur professeur leur parle de « prise de notes », mais avec lui, pour ses élèves, c'est plutôt « prise de tête ».

C'est le Beethoven des professeurs de musique : il reste sourd aux demandes de ses élèves.

Ce n'est pas parce que la prof de SVT a une taille de guêpe qu'elle doit faire ses cours dard-dard.

La maîtresse de Bertille, tantôt elle abuse du Médoc, tantôt elle abuse des médocs…

Vu le pétrin dans lequel l'instit de Robert nous met avec ses méthodes pédagogiques, il aurait dû être boulanger.

Le maître de Zacharie a encore saupoudré ses élèves de TALC (Travail A La Con)…

Les cours de son prof d'espagnol sont comme mon parquet : flottants.

Mon fils a une prof comète. De loin, on a l'impression qu'elle brille, mais ce n'est jamais que du vent et de la poussière.

J'ai traité son maître de nul et je regrette, parce que ça lui a fait de la peine. Mais moi, je pensais qu'il le savait déjà !

Les lunettes de soleil de son professeur arrêtent peut-être les UV, mais elles laissent passer les fautes d'orthographe.

La classe de mon fils fait une liaison école-collège. Ça permet à son maître d'élever son niveau scolaire.

La maîtresse d'Angèle a écrit un mot aux parents d'élèves : elle nous demande des bouchons en *plastic.* C'est pour faire exploser des bouteilles ?

Le professeur de sciences de Sylvie, c'est de la fiction sans la science.

L'école d'Arthur est un drone : il n'y a aucun pilote pour la diriger.

L'instituteur des CM1A est à l'enseignement ce que le rap est à la musique classique.

Le directeur du primaire a quatre collaboratrices et un collabo raté.

Pas de bol, on est tombé sur LE prof GPS[1] (Globalement le Pire du Système).

1. Global Positioning System.

L'artisan, il te vend ses produits locaux. En présentant ses profs à la réunion de rentrée, le directeur, il nous a vendu ses produits *low cost.*

Le nouvel instit a dû être livré par Amazon : il est arrivé en mauvais état et il ne correspond pas à nos attentes.

Son prof d'anglais dispense ses cours comme toi tu fais du vélo d'appartement : il pédale en croyant avancer, mais en réalité, côté programme, il fait du surplace.

Cette année, mon fils subit le vieux professeur de français que ma fille a eu il y a cinq ans. Le moteur a l'air de toujours tenir, mais aujourd'hui, visiblement, il n'y a plus personne au volant !

Sa prof de maths est blonde comme une Suédoise et carénée comme une Volvo. Et ses cours, c'est comme les modes d'emploi chez Ikéa : on n'y comprend rien.

La directrice de maternelle arrive encore à maquiller ses rides, mais plus son incompétence.

La prof d'arts plastiques de ma fille ne fait pas de la création artistique, elle fait de la crémation pédagogique.

VIII.
Ils sont trop sévères

« Quand on applique la sévérité où il ne faut pas,
on ne sait plus l'appliquer où il faut. »

JOSEPH JOUBERT,
essayiste français (1754-1824)

Avec le prof de SVT de mon fils, tu parles une fois, c'est la colle. Deux fois, et tu es viré du cours. Heureusement que la peine de mort a été abolie !

La maîtresse d'Igor *Braille* plus qu'un aveugle.

Quand son instit hurle, il terrorise toute la classe, même les poissons exotiques.

Si le prof principal des 6[e]B a distribué des punitions dès le premier jour, c'était sûrement pour marquer son territoire. Ce doit être un mâle dominant.

Le professeur d'Élie est schizophrène : gaucho à la ville et facho en classe.

En classe, les élèves de Mme Duval, c'est comme sa porte, il faut qu'ils la ferment.

Je l'ai eu comme prof d'EPS[1]. À l'époque, il avait un très bon shoot. Mes fesses s'en souviennent encore.

Le directeur est un véritable Destop[2].

Ce n'est pas parce qu'elle est prof d'espagnol que je vais aller la voir dans sa classe comme un taureau entre dans l'arène.

L'instit de Roméo est un vrai carnassier. Avec lui, si tu réponds faux, c'est la mort sûre.

1. Éducation physique et sportive.
2. Le parent confond « déboucheur liquide » et « despote ».

Comparé à la maîtresse de Véronique, Hitler, c'est l'abbé Pierre.

Ma parole, ton professeur d'histoire doit descendre en droite ligne du Roi-Soleil et du pouvoir absolu !

Le prof de maths d'Yvon ne leur donne pas à faire les exercices un *et* huit, mais plutôt les exercices un *à* huit.

Sa prof d'histoire est bien dans la peau de ses personnages : elle a les lunettes de Jaruzelski[1] et la moustache d'Hitler.

L'instit de mon fils, à force de beugler sur ses élèves, il va lui pousser des cornes !

Pour faire chier ses élèves, M. Dubois est plus efficace qu'un laxatif !

1. Ancien chef d'État polonais.

Leur prof de dessin leur en fait voir de toutes les couleurs.

En donnant une punition générale à la classe pour la première fois, le prof de Karine a créé un facho précédent.

L'instituteur de ma fille est un chef d'orchestre. Debout sur son estrade, il mène ses élèves à la baguette.

Le prénom de l'instit d'Héloïse, c'est Lucas. Moi, j'aurais plutôt parié sur Adolf ou Joseph.

Le maître des CM2, côté barbe, c'est le père Noël, mais côté notes, c'est le père Fouettard.

Ce n'est pas parce que son prof d'anglais a le physique de Churchill qu'il doit leur promettre du sang et des larmes !

Qu'est-ce que ça barde avec le barde[1] !

---

1. En parlant d'un professeur d'éducation musicale.

Son professeur d'allemand ne doit pas aimer la chaleur, il ne met jamais plus de seize.

Dans la pampa, le gaucho d'Argentine marque ses moutons au fer rouge. Au collège, le gaucho des mathématiques marque ses élèves au stylo rouge.

Ce n'est pas possible ! Pour que son instit soit si agressif, ils ont dû lui inoculer le gène du pitbull, à l'IUFM !

Mon fils a un professeur pop-corn : si tu le chauffes, il éclate !

Le programme du prof de français de Gatien tient en trois mots : *ça va chier*.

Un commandant de bord pilote son avion avec classe, et la prof de CM1 pilote sa classe d'abord en commandant.

IX.
Ils sont trop laxistes

« Le pardon aux fautes légères et la sévérité aux grandes. »

Charles Cahier,
jésuite français (1807-1882)

Le maître de ma fille, quand il en a assez, il coupe son Sonotone. Comme ça, il est tranquille.

Le prof d'EPS doit être général à l'armée du chahut !

Tu veux aller au carnaval de Rio sans payer l'avion ? Accompagne Ignace à ses cours d'éducation musicale !

Dans son cours de technologie, ce ne sont pas les mouches, ce sont les trousses qu'on entend voler.

À mon époque, les profs nous donnaient des claques. Avec l'instit de ma fille, c'est tout juste si ce ne sont pas ses élèves qui lui en mettent.

Même Domenech[1] arriverait à mieux gérer la classe de mon fils.

Ses cours d'éducation musicale, c'est plutôt des cours de libre expression orale et corporelle.

Si la prof d'espagnol conduit sa classe comme elle conduit sa voiture…

Il paraît qu'au lycée, la prof de japonais a des sushis avec ses élèves.

En éducation musicale, ils ont une prof biscotte : dès que ses élèves appuient un peu, elle craque.

Pour son portable, il a peut-être trouvé le mode silencieux, mais pas pour sa classe !

1. Ancien entraîneur de l'équipe de France de football.

X.
Ils n'ont plus de conscience professionnelle

« Les sceptiques sont les hommes les plus consciencieux. »

Honoré de Balzac,
écrivain français (1799-1850)

L'instit des CM2, c'est un fonctionnaire, avec un f comme fainéant !

La maîtresse de ma fille ne branle rien. À part peut-être le directeur, mais ce n'est pas ce qu'on lui demande.

Dans cette école, ils travaillent par cycle. Chacun son tour.

Il paraît qu'en faisant des fouilles dans un cimetière mérovingien, on a retrouvé la tombe du dernier homme qui a vu le professeur de Nathalie préparer un cours.

L'instituteur de Céline est un ardent écologiste défenseur des arbres, il a horreur d'abattre du bouleau.

Le maître d'Oscar a son badge *Touche pas à mon poste*. C'est une main ouverte avec un poil dedans.

Tu as vu comme ils surveillent nos gosses, dans cette école ? Ils doivent avoir droit à 7 % de pertes, comme à l'armée !

Ses élèves sont contents, mais nous un peu moins : l'instit d'Isabelle fait une grave allergie aux corrections de devoirs.

Si sa maîtresse était payée au mérite, elle serait SDF !

On a dû lui dire qu'il pourrait ne rien faire jusqu'à sa retraite et conserver quand même son job. Alors, il est devenu prof.

Tiens ! L'instit des CE1 est à l'heure, ce matin ! C'est signe qu'elle va être en retard demain.

Le maître d'Odile est comme Robinson Crusoé : il attend Vendredi avec impatience.

Dans cette école primaire, c'est mathématique : dès que la température extérieure augmente d'un degré, ils allongent la récréation d'une minute.

Certes, la maîtresse des CE2 a une belle carrosserie. Mais si tu soulèves le capot de la Ferrari, tu as le moteur d'une 2 CV.

La maîtresse de Noé doit passer plus de temps à se maquiller qu'à corriger ses cahiers !

Le prof de Christian est malheureusement atteint d'une maladie contagieuse et incurable qui touche principalement les enseignants : la flemmingite aiguë.

Si tu trouves un prof qui en fiche moins que l'instit de Philippe, appelle le SAMU, parce qu'il doit être dans le coma.

C'est un prof qui note à la tête du client. Et mon fils, ce doit être un mauvais payeur.

Pour sûr, le prof de Quentin n'aura pas de choc psychologique quand il prendra sa retraite, ça fait trente ans qu'il s'y prépare !

Ce matin, les maîtresses ont sifflé la fin de la récréation à l'heure. Il devait y avoir un inspecteur dans l'école.

Pour obtenir un rendez-vous avec la professeure de la classe ULIS[1], c'est toute une odyssée !

Par solidarité avec les routiers en grève, le prof de ma fille fait une opération escargot pour corriger les contrôles.

1. Unité localisée pour l'inclusion scolaire.

XI.
Ils ne sont jamais contents

« La vie est trop courte pour perdre du temps à râler. »

Anonyme

La poule fait *cot ! cot !* Le canard fait *coin ! coin !* Et le prof fait *ouin ! ouin !*

Si chaque enseignant versait un euro à Bercy[1] chaque fois qu'il râle, on résorberait la dette de la France en une année scolaire.

L'instit de mon fils connaît mieux le parcours des manifestations Bastille-Nation que le trajet pour aller au gymnase.

1. Siège du ministère de l'Économie et des Finances.

De quoi se plaignent-ils, les profs ? Moi, ma semaine de quinze heures, je l'ai faite hier !

Tel le proverbe : *Les profs aboient et la réforme passe.*

J'ai cru que son instit était mort : deux mois sans revendications !

Partis comme ils sont, tu vas voir que les profs vont bientôt réclamer des RTT !

Je te parie que la prochaine revendication des enseignants, ce sera une prime de chaussures, à cause des semelles qu'ils usent à force de défiler dans les rues.

Les profs réclament plus de moyens. Moi, perso, je voudrais moins de profs moyens.

Le temps que les syndicats d'enseignants se mettent d'accord sur la date de la manif unitaire, la réforme est remplacée par une autre.

Il n'y a qu'à l'Éducation nationale qu'ils sont contre la semaine de 35 heures. Et pour cause.

Maintenant que la gauche est au pouvoir, les pavés vont pouvoir souffler un peu, les profs ne vont plus manifester.

Les quatre opérations selon les enseignants : plus d'argent, moins d'élèves, multiplication des grèves et division des syndicats.

Si les profs vivent vieux, c'est parce qu'ils ont une bonne hygiène de vie : ils font régulièrement du sport, surtout de la marche à pied lors des manifs.

La prof mère de famille revendique toute la journée, et le soir, à la maison, quand son enfant veut une babiole, elle lui répond : « Ce n'est pas bien de réclamer. »

L'instit de mon fils, sa conversation privilégiée, c'est la conservation de ses privilèges.

Si on donnait suite à toutes leurs revendications concernant le manque de moyens, il y aurait plus d'instits que d'élèves.

Les profs se plaignent de ne pas gagner assez. Mais si tu ramènes leur salaire au taux horaire…

Son Prof, c'est plutôt Grincheux.

XII.
Le monde enseignant est particulier

« Il est paradoxal de constater que les enseignants, qui sont des démocrates dans leur vie privée, sont de véritables monarques dans leur vie professionnelle : ils fabriquent des sujets, et non des citoyens. »

ÉMILE DURKHEIM,
sociologue français (1858-1917)

Les enseignants ne font que copuler entre eux. Un jour ou l'autre, ça va poser un problème de consanguinité.

Qu'est-ce que tu veux que les profs connaissent à la vie ? Ils n'ont jamais travaillé : ils ne sont jamais sortis de l'école !

Les professeurs, c'est la caste des intouchables.

C'est paradoxal : les profs désobéissent tous à leur ministre, mais exigent que leurs élèves leur obéissent au doigt et à l'œil.

Lui est instit dans une école maternelle. Sa femme ne fait rien non plus, elle travaille à l'inspection.

Au XXIe siècle, les travailleurs du privé sont aux enseignants ce qu'au Moyen Âge les serfs étaient aux vilains.

Je collerais bien ma main dans la figure de la maîtresse, mais il paraît qu'ils ont une assurance spéciale, avec des avocats !

Chez les instits, tout est en -if : il y a d'abord eu le certif, puis la MAIF et la CAMIF. Maintenant, c'est festif, manif et oisif.

Professeur, c'est le seul métier où tu dois être licencié pour ensuite ne plus jamais pouvoir être licencié.

L'école de ma fille, c'est le cirque. Le directeur, c'est Monsieur Loyal, ou plutôt Monsieur Déloyal. Les élèves, ce sont les fauves. Et chez les instituteurs, tu as des dompteurs, des clowns et des équilibristes.

Le premier trimestre fait quatre mois, et le dernier deux mois seulement. Et c'est l'Éducation nationale qui apprend à compter à nos enfants. Où est la logique ?

Moi, je n'ai jamais voulu être prof, parce que justement mes parents l'étaient, et j'ai vu ce que ça donnait.

Leur assurance, c'est la MAIF (la Mutuelle Assurance des Instituteurs Fainéants), et leur mutuelle, c'est la MGEN (la Mutuelle Générale des Enseignants Nantis).

La réunion de rentrée ? Les 45 premières secondes furent magiques. Puis les maîtres et les maîtresses se sont mis à parler…

Le professeur de Peggy l'a envoyée en salle de travail. Mais ma fille n'est pas enceinte !

XIII.
Leur accoutrement fait débat

« On vous reçoit selon l'habit,
et l'on vous reconduit selon l'esprit. »

Proverbe russe

La petite maîtresse des CE1B a plus de talons à ses pieds que de talents à enseigner.

La prof d'anglais de ma fille s'habille comme une Anglaise. L'année prochaine, comme seconde langue, je demande tahitien.

Bientôt les beaux jours. On va revoir son instit en RTT (Remets Tes Tongs).

Méfie-toi : si la prof principale de ta fille porte un chemisier à collerette, c'est peut-être parce qu'elle est vénéneuse.

Vêtements, cartable, figure... Chez son prof de physique, tout est vieux, sale et fripé.

Si, l'hiver, la maîtresse des CE2 reste sous le préau pour surveiller la récréation, c'est parce que dehors il gèle et que son fond de teint se craquelle comme une vieille croûte.

Quand le directeur arrive à l'école, on dirait Oui-oui en voiture[1].

Elle est enseignante et elle porte du Chanel ? Soit c'est un faux, soit elle fait des extra.

La prof de maths s'est mise sur son 31 avec son pantalon 13 et 3.

1. Livre pour enfants.

Le CPE s'habille à l'Armée du Salut et il voudrait que ses élèves le saluent comme à l'armée !

Avec ses minirobes et son maquillage, la prof stagiaire doit être la starlette de la salle des profs. J'espère qu'elle ne va pas finir comme Loana[1]...

Regarde un peu la dégaine de la prof de techno ! Quand elle marche, on dirait la technoparade !

La profondeur du décolleté de sa prof d'espagnol est inversement proportionnelle à celle de son esprit.

La maîtresse de Sylvie change de tenue tous les jours. Heureusement qu'ils ont beaucoup de vacances, sinon, bonjour la garde-robe !

Qu'est-ce qu'il postillonne, le maître de Pétronille ! Pour les élèves du premier rang, c'est la mousson tous les jours !

1. Starlette de la téléréalité.

Tu as vu la tenue de la remplaçante ? Elle doit être syndiquée à FO (Fesses Ouvertes).

Ça fait dix ans que la maîtresse du CP enseigne dans la même salle. Il serait temps d'enlever un « l » à « salle ».

Sa prof de SVT, dans tous les sens du terme, c'est Nature et Découvertes[1] !

Le principal et son adjoint font un concours : c'est à celui qui aura la plus longue… cravate.

1. Chaîne de magasins.

XIV.
Leur vie privée ne l'est guère

« On perd le droit de parler des autres
quand on se met à les connaître intimement. »

ALICE FERNEY,
écrivain français (née en 1961)

C'est la maîtresse de la moyenne section[1], et aussi celle du maître du CM1.

La prof de maths a tellement confiance dans ses collègues du secondaire qu'elle a mis ses propres gamins dans un collège privé.

Évidemment qu'elle vit seule, l'instit des CE1 ! Pour la supporter, il faut y être obligé, comme les élèves !

1. Deuxième année de maternelle.

J'espère que l'instit de Valerian apprend les bonnes conjonctions de coordination à nos gosses, parce que chez lui, c'est plutôt : « Mais où est donc mon Ricard ? »

Que la directrice élève d'abord correctement ses gamins, ensuite elle pourra nous donner des conseils !

Lis un peu le résumé d'histoire-géo que Pascale doit apprendre. Ça confirme ce que je pensais : son prof est le fils spirituel de Staline, et son parrain devait être Mao.

Le maître des CM2 vient à l'école en 4 x 4. Ça impressionne peut-être ses élèves, mais tu sais ce qu'on dit de ceux qui ont une grosse voiture…

Chaque fois que son nouveau mec la quitte, la prof de Sylvain saque ses élèves. Tu comprends maintenant pourquoi il n'a pas la moyenne !

J'ai croisé l'instit de Laurence hier. Eh bien figure-toi qu'il m'a dit bonjour ! Mais non, je plaisante ! Tu l'as cru, hein !

Le directeur prend ses six clopes le midi pour garder les élèves à l'œil.

À l'école, la maîtresse des CP leur apprend à tenir un stylo, mais en boîte, elle ferait bien d'apprendre à tenir l'alcool.

Elle est passée directrice, et je suis sûr qu'elle n'a même pas trente ans. Encore une promotion canapé.

La femme et les enfants du directeur travaillent à l'Éducation nationale, sauf le petit dernier. À mon avis, ils ont dû l'adopter.

Je connais sa femme. À l'école, il est certes le directeur, mais à la maison, ça m'étonnerait que ce soit lui qui commande.

Il court après toutes les mères d'élèves. C'est un maître étalon.

Mme Duval, c'est une prof que je classerais dans la catégorie *psychofrigides*.

XV.
Leur physique fait jaser

« Quand on a le physique d'un emploi,
on en a l'âme. »

GUY DE MAUPASSANT,
écrivain français (1850-1893)

Lui, prof de gym ? Non, mais tu as vu comme il est taillé ? On dirait une bouteille d'Orangina !

J'ai acheté la photo de classe, rien que pour agrandir la trombine de son instit et m'en servir à la maison pour faire peur aux gosses.

Sa prof d'éducation musicale, c'est la Castafiore sans les bijoux.

Avec ses rides sous le fond de teint, la maîtresse de ma fille, on dirait un fossile.

La prof de math de Nicolas, c'est un cube.

La Grosse Bertha leur apprend la guerre de 1914-1918 et les Poilus. Et elle sait de quoi elle parle…

Les élèves ont des chaises. Si les profs ont droit à des fauteuils, c'est parce qu'ils sont sujets aux hémorroïdes.

J'ai envie de dire à sa prof : « Sois belle et tais-toi. » Mais c'est mission impossible dans les deux cas.

Si sa prof d'arts plastiques veut dessiner son autoportrait, il lui faut une feuille A3 !

Pas surprenant que leur professeure d'éducation musicale leur joue de la guitare : elle a le physique de l'instrument.

Si le droit de cuissage est toujours en vigueur, j'aimerais bien être à la place du directeur.

Tu as vu la tête des maîtresses ? Ce n'est pas une école maternelle, c'est Mamyland !

Les épaules du prof d'EPS sont aussi larges que son esprit est étroit.

Dans ce collège, même le prof de français est étranger !

Tu ne trouves pas que les moustaches de son professeur d'histoire-géo font Führer ?

Sa maîtresse, ils peuvent l'envoyer en ZEP sans crainte, elle ne risque pas de se faire violer.

Avec la tête de son instit, si mon fils rêve de l'école, sûr qu'il se réveille en hurlant.

Quand la maîtresse des CE1 surveille la récré, on dirait un suricate[1].

1. Petit mammifère carnivore d'Afrique.

Moi, je ne dis pas non si la prof d'anglais demande un sexe à piles pour son sex appeal.

Elle est encore là[1], elle ? C'est pire que le règne de la reine d'Angleterre !

Son prof d'histoire-géo a le caractère de Staline, mais pas les muscles de Stallone.

Il n'est pas mûr, son professeur de SVT, il est blet.

À mon avis, la spécialité du prof d'EPS, c'est sumo.

Si la maîtresse des CM1B a les joues rouges, c'est parce qu'avec ses lunettes en cul de bouteille, ça fait loupe, et qu'elle a attrapé un coup de soleil en surveillant les récrés.

Tu ne trouves pas que le directeur a grossi pendant les vacances ? Il a dû se faire castrer.

1. Un jour de rentrée.

Physiquement et mentalement, l'instit de ma fille, c'est une bonne poire.

La classe de CM2 de M. Dupond est chargée. Un peu comme sa langue.

Moi, mes deux professeures préférées, c'est maths et dessin.

La maîtresse des CE2 est tellement grasse que si elle plonge dans la piscine avec ses élèves, elle déclenche un tsunami et une alerte à la pollution aux hydrocarbures.

Il ressemble à un phacochère, le facho fier des CM1.

La prof de musique est martiniquaise. C'est pour ça qu'elle est très Antilles avec ses élèves.

Leur prof de français leur fait étudier les figures de style… Tu verrais le style de sa figure !

La prof d'arts plastiques, c'est un portrait de Picasso période cubisme.

C'est tout juste si la prof d'histoire de mon fils n'a pas l'âge des personnages qu'elle lui fait étudier.

Chez ma fille, c'est peut-être intellectuellement qu'il y a du relâchement, mais chez son maître, c'est physiquement.

La prof d'arts plastiques enseigne de l'art, mais elle ferait bien de perdre le sien, de lard.

Je vais demander à son instituteur de passer chez moi mercredi, c'est Halloween.

Mon fils rentre chaque soir en retard à la maison parce que, pour sortir de sa classe, il doit contourner sa maîtresse.

Le directeur ferait mieux de pousser ses élèves au lieu de faire pousser son ventre.

Tiens ! Voilà la grand-mère[1] qui leur apprend la grammaire !

C'est elle[2] qui leur fait la gym ? Mais qu'est-ce qu'elle peut leur apprendre, à part la roulade avant ?

Visiblement, instit, c'est un métier qui nourrit bien son homme[3].

J'espère qu'elle[4] est bonne en chimie, parce que côté physique…

Son professeur d'arts plastiques expose ses toiles. On va voir les croûtes du vieux croûton !

Regarde ! C'est la maîtresse qui commande la grande section. Normal, pour un char d'assaut.

1. En parlant d'une collègue de français proche de la retraite.
2. En parlant d'une collègue d'EPS en surpoids.
3. En parlant d'un collègue bedonnant.
4. En parlant d'une collègue de physique-chimie.

XVI.
En maternelle, ils sont spéciaux

« Mystérieux jardin de ma lointaine enfance,
royaume ensorcelé perdu dans la distance. »

FERNANDA DE CASTRO,
écrivain portugais (1900-1994)

Chez les petits, tous les gamins dorment l'après-midi. En moyenne section, c'est à peu près la moitié. Et en grande section, il n'y a plus que la maîtresse qui fasse la sieste.

Pour affecter les instits, l'inspecteur les sépare en deux groupes : ceux qui savent lire vont en primaire, les autres en maternelle.

Un maître en maternelle ! Il est là pour les gosses ou pour les maîtresses ?

Mme Dubois reste chez les petits parce que, en grande section, elle aurait du mal avec les corrections.

Pendant la sieste, les pauvres gamins n'arrivent pas à s'endormir à cause des ronflements de leur maîtresse.

Dès que tu formules un reproche à une maîtresse, elle va chercher la directrice. C'est l'instinct maternelle.

Comme dit le ministre, les maîtresses de maternelle mouchent et torchent toute la journée. Il a oublié de préciser qu'en plus, c'est au milieu des cris et des pleurs. Eh bien moi, je dis respect.

Le maître de la grande section, c'est un vrai chien de chasse. Sauf que lui, c'est quand il voit une mère d'élève mignonne qu'il tombe en arrêt.

Le lundi matin, la maîtresse de la petite section est plus fatiguée que les autres jours, parce que chez elle, le week-end, elle ne doit pas faire la sieste.

Babillage et coloriage sont les deux mamelles de la maîtresse de la grande section.

En maternelle, les meubles, on dirait une maison de poupée. En attendant, moi, je jouerais bien à la poupée avec la maîtresse.

XVII.
On philosophe sur l'Éducation nationale

« De l'éducation de son peuple dépend le destin d'un pays. »

BENJAMIN DISRAELI,
homme politique anglais (1804-1881)

Maintenant, au collège, tu n'as plus besoin de passer la 5e, la 4e ou la 3e : c'est une boîte automatique.

Un CPE, finalement, c'est un flic qui a fait des études…

L'intercours est au prof ce que la bouteille d'air est au plongeur.

Femme de ménage ou technicienne de surface ? Instituteur ou professeur d'école ? *That is the question.*

Les cycles, à l'école, c'est comme les cycles menstruels. Ça rend de mauvaise humeur et ça embête ceux qui les subissent, ça finit aux chiottes, mais ça prouve aux inspectrices qu'elles peuvent procréer.

Ce directeur n'est là que pour détricoter ce qu'a tricoté le ministre. Remarque, comme le ministre a détricoté ce qu'avait tricoté son prédécesseur…

Lorsque, le jour de la rentrée, nos gamins ont tous leurs profs en face d'eux, ils doivent ressentir la même chose que les adversaires des All Blacks pendant le haka[1].

Son prof de maths leur enseigne les nombres sexagésimaux. C'est un pédophile !

1. Danse chantée menée par les rugbymen néozélandais avant chaque match.

Tu ne trouves pas qu'un directeur pour six maîtresses, ça fait un peu harem ?

Remarque, les enseignants ont une excuse inattaquable : tu as vu le ministre qu'ils ont ?

Côté ennuis, moi, au bureau, j'ai les clients, et eux, à l'école, ils ont leurs élèves. Chacun sa croix.

Le mari et la femme sont profs de chimie. Imagine les dialogues, le soir à la maison :

« Beurk ! Le pH de ce potage est inférieur à 7[1] !

– C'est vrai ! Chérie, tu peux me passer le Na^+Cl^- s'il te plaît ? »

Si tous ses élèves sont comme mon fils, son instit ne tiendra pas un mois.

C'est parce qu'elle enseigne à des mineurs que la professeure de français leur fait étudier *Germinal* ?

1. La solution aqueuse est donc acide.

Les profs, c'est juste une réserve de voix pour les socialos.

Si le prof de mon fils était aussi exigeant avec lui-même qu'il l'est avec ses élèves, il serait le meilleur du monde.

Le ratio ministrables/ministres est nettement supérieur au ratio candidats au concours de profs/lauréats du concours de profs.

Au ministère, au lieu de s'occuper de la pré-rentrée, ils feraient mieux de s'intéresser à l'après-rentrée.

Les enseignants sont bien fonctionnaires d'État, non ? Alors ils devraient se soumettre ou se démettre.

Le prof de Brigitte a pris ses élèves en otage, mais ma fille n'est pas prête à succomber au syndrome de Stockholm !

Quelle équipe d'enseignants ! Le prof d'éducation musicale cale, celui d'arts plastiques tique, celui de maths mate et celui d'allemand ment. Seul celui de français sait.

La maîtresse de Zéphirin prend sa retraite cette année. C'est comme son tampon hygiénique, elle sort du corps en saignant.

Pour leur retraite, les profs ne comptent pas en annuités, mais en réformes.

Un instit, c'est comme un berger avec ses moutons, sauf que lui, il n'a pas de chien pour l'aider. Parfois un conseiller pédagogique.

Il paraît que chez les bookmakers de Londres, le remplacement d'un prof en France est coté à dix mille contre un.

Le jour de la rentrée, l'angoisse des profs contraste avec le soulagement des parents. Parce que deux mois à supporter les gamins à la maison, c'est pas d'la tarte ! Remarque, à la fin de l'année scolaire, c'est le contraire…

Quand tu vois les élèves d'aujourd'hui, tu te dis que Gandhi, avec ses idées, il n'aurait pas pu se réincarner en prof !

Tu crois que la prof d'arts plastiques est recyclable ?

De nos jours, les profs sérieux, rigoureux et ponctuels, c'est comme les pharaons égyptiens : tu n'en trouves qu'à l'état de momies.

Un instituteur, c'est un intellectuel qui utilise des manuels pour travailler.

Tout ministre de l'Éducation nationale devrait d'abord faire ses preuves au ministère de l'Écologie. Parce que le milieu enseignant, c'est quand même un environnement sacrément hostile !

Si tu écoutes les profs, tu pleures, mais si tu les observes, tu ris !

Je suppose que chaque matin, le réflexe du prof, ça doit être d'écouter France info pour savoir quelle nouvelle réforme il est chargé d'appliquer.

30 juin, fin du spectacle, extinction des professeurs.

Table des matières

VERSO

VERSO

Les enseignants parlent des parents

Michel Lafon

118, avenue Achille-Peretti – CS 70024
92521 Neuilly-sur-Seine Cedex
www.michel-lafon.com

À mes trois amours :
la Clo, la Crevette (et son Ulysse) et Titi.

Chère lectrice, cher lecteur,

Résumer en deux phrases les rapports parents-enseignants ?

« Nous vous aimons !

– Nous non plus ! »

La colère est mauvaise conseillère, dit-on. Mais elle a l'avantage incomparable de sublimer, pour notre plus grand bonheur, l'esprit des auteurs de petites phrases assassines, de considérations philosophiques personnelles ou autres calembours douteux… Et comme à peu près chacune des 65 millions d'âmes que compte notre pays a un avis bien tranché sur l'éducation…

Depuis plus de trente-cinq ans (dont vingt-cinq de cumul enseignant et parent !), j'ai eu à maintes reprises l'occasion d'assister à des saynètes de défouloir, que ce soit dans un des établissements scolaires dans lesquels j'exerçais (jour de rentrée, salle des maîtres, salle des professeurs, réunions de parents, « heure des mamans », remise des bulle-

tins, etc.) ou tout simplement au cours de soirées privées (les enseignants se fréquentent, se marient et se reproduisent entre eux, c'est bien connu).

J'ai donc entendu, puis noté avec délectation des centaines de saillies drôles, piquantes, savoureuses, provocantes, lapidaires, que sais-je encore, tout droit sorties du cœur de leurs auteurs.

Je vous présente dans ce recueil les plus beaux joyaux de ma collection.

Merci à tous les parents, à tous les collègues et néanmoins amis que j'ai surpris, à leur insu ou non, dans leurs élucubrations verbales. Leur humour, souvent involontaire car déclamé sous le coup de l'émotion, est inégalable et fera rétrospectivement leur joie… Enfin j'espère, puisqu'ils ne sont pas rancuniers (postulat).

Et puis, comme le dit le proverbe populaire : *Qui aime bien châtie bien !*

Vous avez donc entre les mains plusieurs décennies de quiproquos, de mauvaise foi et de jugements hâtifs émis spontanément, qui ont en filigrane un point commun : le profond désir de réussite pour le petit, qu'il soit un enfant (version parents) ou un élève (version enseignants).

Puissiez-vous prendre autant de plaisir à lire ces répliques que j'en ai eu à les recueillir.

Bonne lecture !

Patrice Romain
patrice.romain@hotmail.fr
http://patriceromain44.blogspot.fr

I.
Ils ne s'impliquent pas dans les études de leurs enfants

« Il faut avoir beaucoup étudié pour savoir peu. »

MONTESQUIEU,
philosophe français (1689-1755)

Les parents de Virginie attendent le brevet avec autant d'impatience qu'une dinde attend Noël.

Le père ne remplit pas ses devoirs, et il s'étonne que son fils ne fasse pas les siens !

Impossible d'obtenir un rendez-vous avec les parents de Yasmine ! Dès que tu as besoin d'eux, ils s'envolent ! C'est la famille Glloq : G-2L-O-Q !

Leur gamin fait ce qu'il veut, et eux ce qu'ils peuvent.

Tu connais la dernière ? La mère de Vanessa est toute surprise que sa fille le soit, justement !

On ne peut pas dire qu'ils ne suivent pas la scolarité de leur fille. Ils la suivent, mais de loin, sans risque de la rattraper un jour.

Chaque semaine, les parents de Charlotte pensent à oublier de signer le cahier de leur fille.

La mère de Noé a choisi : elle préfère s'acheter des crayons de maquillage plutôt que des crayons de couleur pour son fils.

Mme Dupont est en pleine dépression, à au moins 900 millibars, mais ça ne l'empêche pas de mettre la pression sur ses enfants !

Comme j'ai vu la maman hier, la gamine a été correcte ce matin. Mais ça ne va pas durer, c'est juste l'effet mère !

Ce trimestre, ils ont peut-être mieux suivi leur fils… Mais alors ce n'était pas le bon, ils se sont trompés dans la fratrie.

Avec ce qu'elle porte sur elle, la mère de Barbara pourrait acheter des fournitures scolaires à sa fille pour les dix prochaines années. Elle pourrait, mais elle ne veut pas…

Évidemment qu'il y a moins de monde aux réunions parents-profs qu'à l'agence locale de la CAF ! C'est moins motivant !

Ses parents sont chômeurs professionnels, et ils se sont solennellement engagés à faire travailler leur gamin… Tu saisis le paradoxe ?

II.
Ils n'assument pas leur rôle de parents

« Les parents d'aujourd'hui veulent être aimés de leurs enfants. Cette erreur les entraîne à toutes sortes de faiblesses et de facilités. »

Jean Dutourd de l'Académie française, écrivain français (1920-2011)

On nous oblige à pondre un projet d'école. Les parents de Kevin, eux aussi, ils pondent, mais il n'y a pas de projet d'élevage…

Les parents de Rachid s'intéressent encore moins à leur fils que notre ministre à notre fiche de paie, c'est tout dire !

Depuis leur divorce, ils jouent avec leur fille comme on joue au tennis avec une balle. Ils se la renvoient jusqu'à ce qu'elle soit *out.*

Je vais faire tatouer Allan. Comme ça, au moins, sa mère le reconnaîtra.

Vu le langage du gamin, tu te dis qu'à la maison ses parents doivent souvent écouter de la musique de chambre.

La dernière fois que M. Duval s'est occupé de son fils, c'est quand il l'a déclaré à la mairie, le jour de sa naissance.

La maman de Vicky, c'est une tortue marine. Dès qu'elle a pondu, elle retourne nager en haute mer, et ses petits doivent se débrouiller tout seuls.

S'il conduit sa voiture comme il élève son rejeton, aucune assurance ne doit vouloir de lui.

Si la fille tangue en classe, c'est parce que la mère est agitée.

Peuchère ! Elle ne lui coûte pas cher, la chair de sa chair !

Emmener leur gosse à la piscine, c'est faire œuvre de salubrité publique : au moins, il se lave une fois par semaine.

Encore un enfant de famille décomposée…

Bertrand part en Angleterre avec sa classe. Du coup, il sera à Londres, tandis que son père est à l'ombre.

Pauvre Philomène ! Sa mère a fait un mariage sans amour, et son père collectionne les amours sans mariage.

Le père, c'est comme le fils : tu sors les lettres T, R, A, V, A, L et I à *Des chiffres et des lettres*, il ne trouvera pas le mot « travail ». Ce n'est pas dans leur vocabulaire.

C'est une bonne chose que les parents de Rahnia touchent des allocs : ça leur permet d'avoir un fond de caisse pour leurs trafics.

Le père de Sabri n'est pas du genre à se laisser abattre par l'adversité. Plutôt à abattre les autres.

Les parents de Fanny, ce sont les Bonnie and Clyde des parents d'élèves.

La mère de Cécile, je ne la sens pas. Elle est fausse. Je suis sceptique…

J'ai vu Lucas, ses parents et son petit frère. On aurait dit les Dalton. Surtout le père.

Chaque soir, à la maison, les parents de Laurence vérifient que leurs enfants font bien leurs devoirs : débarrasser la table, laver la vaisselle et ranger la cuisine.

Normal qu'Anatole soit un peu perdu : son père a l'âge d'être son grand-père, sa belle-mère a l'âge

d'être sa grande sœur, sa grande sœur a l'âge d'être sa mère, et lui, il pourrait presque être le père de son demi-frère !

Avant de vouloir sauver le monde, que les Duval essaient d'abord de sauver leur fils. Autant commencer par le plus difficile.

Ils ont peut-être une grosse voiture et une belle maison, mais en ce qui concerne l'éducation de leurs gosses, ils sont SDF, complètement à la rue !

Pauvre Magali ! Avec tout ce qu'elle fait à la maison, c'est plutôt elle qui devrait toucher les allocs, pas ses parents !

Chacun sa spécialité : le fils m'excite le nerf auditif, le père le nerf olfactif.

Les Durand emmènent plus souvent leur chien se faire toiletter que leur fils chez le coiffeur. Ça frise le signalement, ça !

Séraphin bat la campagne pour venir au collège. Et pendant ce temps-là, son père bat sa compagne…

Moi, j'ai un CAPES d'anglais. Les parents de Géraldine, en revanche, je ne suis pas certaine qu'ils aient un CAP de parentalité.

Bientôt Pâques. Les parents de Barbara vont pouvoir chercher des œufs… Des œufs de poux dans la chevelure de leur fille…

Ne t'en fais pas pour la famille Dupont. Ils ont du personnel de maison : Monsieur Picard comme cuisinier, Madame Téhaifin comme baby-sitter, Madame Caf comme intendante et Monsieur Facebook comme précepteur… Comme nounou ? Ben c'est nous, évidemment !

III.
Ils pensent que leurs enfants sont les meilleurs

« Tout est si relatif, et moi je suis tellement subjectif. »

Petar Segedin,
écrivain croate (1909-1998)

Ils ont appelé leur fille Félicia. Mais Félicia, c'est le nom d'une Skoda. Et tu connais les performances d'une Skoda…

Les Dupuis se sont mis à deux pour faire un imbécile, et ils voudraient que tout seul j'en fasse un intello !

Il y a autant de différences entre leurs ambitions pour leur fils et son niveau réel qu'entre nos revendications et ce que l'on obtient.

Les parents de Pascal se prennent pour Aladin et Jasmine : ils ont l'impression d'avoir engendré un génie.

Je ne m'en étais pas forcément rendu compte, mais d'après les parents, dans ma classe, j'ai deux Einstein, cinq Marie Curie et huit Léonard de Vinci.

M. et Mme Dupond auraient dû appeler leur gamin « Titanic », vu qu'ils sont persuadés qu'il ne coulera pas !

Les parents de Dorothée ont raison de ne pas s'en faire : de guerre lasse, l'institution finira bien par donner le bac à leur fille… Un bac poub'L, par exemple.

Ils appellent leur fils « mon petit canard ». Soit c'est parce que chez eux ils le trempent dans le café, soit c'est parce qu'à l'école il a les mains palmées !

La mère m'a posé plus de questions en cinq minutes que sa fille en un trimestre.

Pour ses parents, Hortense est un soleil qui illumine leur existence. Pour moi, elle est juste le plus grand des astres.

Les Durand ont l'ambition que leur fils fasse prépa maths. Mais pour l'instant, il est plus ingénu qu'un génie, le futur ingénieur !

Les parents de Fatoumata sont allophones. Quant à leur fille, elle est seulement accro à son portable.

Mme Duval veut que son fils prenne allemand en deuxième langue. Mais Blaise a beau être blond aux yeux bleus, ça ne servira Aryen.

M. et Mme Lermite, vu le niveau de leur fils, ils auraient dû l'appeler Bernard !

IV.
Ils conçoivent des enfants à ne plus savoir qu'en faire

« Les enfants sont les symptômes des parents. »

Françoise Dolto,
psychanalyste française (1908-1988)

Huit gamins ! Le père mérite le maillot à pois du meilleur grimpeur !

Quand Mme Dupont accompagne ses marmots à l'école, tu as l'impression que c'est le centre de loisirs qui débarque.

Avec le père d'Oumar, ils font un concours à celui qui aura le plus de gosses. Mais lui, c'est un tricheur, parce qu'il a plusieurs femmes.

Le livret de famille de Mélissa, ce n'est plus un livret, c'est un annuaire.

Cest une année bissextile. Les parents de Julie vont peut-être nous faire des jumeaux.

Leur seule année sans procréer, ça a été celle où leur aîné était au CP. Ils ont dû apprendre à lire avec lui.

Le meilleur des contraceptifs, c'est la suppression des allocs.

Encore une maman qui a confondu pilule et Smarties !

Ils élèvent leurs gamins en batterie. Eh bien moi, je préfère le bio !

Bientôt le lapin de Pâques. La mère d'Élodie ne va pas tarder à tomber enceinte.

Le père de Hassan passe ses journées au troquet à jouer au 421. Le soir à la maison aussi : 4 enfants, 2 femmes, 1 homme.

La maman de Bernadette est une mère porteuse bénévole pour ses compagnons divers et variés.

Côté progéniture, les Durand ont déjà la quantité. Et s'ils s'attaquaient maintenant à la qualité ?

Si les Dubois se font expulser de leur appartement, on ferme une classe.

Le père de Nadia est un coucou, il n'a pas mis tous ses œufs dans le même nid.

Les parents d'Esteban ont encore remis le couvert. Ma parole, ils préparent un banquet !

Il paraît que les marins ont une fille dans chaque port. Si c'est vrai, M. Dupuis est au moins capitaine : il en a une dans chaque classe.

Vu l'aîné, ils auraient pu se contenter du spécimen. Et bien non, ils en ont tiré toute une série.

Avec leur smala, les Duval ont déjà de quoi constituer une équipe de basket. J'espère qu'ils ne sont pas fans de rugby.

Laura a un frère et une sœur. En fait, deux demi-frères et deux demi-sœurs.

Pour éviter de confondre les prénoms, les Dupont devraient attribuer des numéros à leurs enfants.

Si les parents de Fatima pouvaient faire chambre à part un an, ça nous ferait une pause.

Ils en ont fait cinq, puis ils ont bénéficié d'une offre promotionnelle : l'adoption gratuite du petit sixième.

Tiens ! Voilà Blanche-Neige[1] et ses sept nains !

1. En voyant arriver une mère d'élèves avec ses enfants.

V.
Ils sont intrusifs

« Ou bien ils sont beaux, virils et infidèles…
Et on pleure !
Ou bien ils sont vains, fats, impuissants…
Et on pleure !
Ou bien encore ils sont crétins, collants, débiles…
Et on les fait pleurer !
Et on pleure de rester seule à pleurer. »

KATHERINE PANCOL,
écrivain français (née en 1954)

J'ai bac plus 5. La mère de Jamal a bac moins 3, et elle veut m'apprendre mon métier !

La déléguée des parents d'élèves, vu son gabarit et le temps qu'elle passe à l'école, on devrait l'embaucher comme vigile.

Physiquement, le papa d'Anthony, c'est loin d'être un malabar. Et pourtant, qu'est-ce qu'il est collant !

On devrait brancher la sonnerie de l'école sur ultrasons, pour faire fuir les mamans dès que c'est l'heure de rentrer en classe.

Comme accompagnatrice pour la sortie, j'ai volontairement choisi la mère d'Arthur. C'est parce que je vais essayer de la perdre dans la forêt.

Mme Dubois aurait mieux fait d'aller à l'école quand elle avait l'âge, plutôt que de la squatter maintenant.

Dans la liste du matériel pédagogique à acheter pour l'école, il faudrait ajouter du Parapoux et du Paraparents.

La mère d'Anissa voudrait assister aux cours ! J'appelle ça du voyeurisme ! Et il y a des boîtes spécialisées, pour ça !

Ce qu'il faut, c'est que les gamins restent dans la cour et que les mères poules retournent dans leur basse-cour.

Et si on peignait une zone bleue sur le trottoir, devant la porte de l'école, pour limiter le stationnement des parents et des poussettes ?

On va installer un transat dans le hall pour la mère de Florian. Ça lui évitera de retourner chez elle entre les entrées et les sorties d'école.

Qu'elle reste chez elle, la mère Durand ! Je n'ai pas besoin d'auxiliaire. Mes élèves ont déjà suffisamment de mal avec l'auxiliaire avoir !

Quand on a ouvert l'école aux parents, c'est comme quand Pandore a ouvert sa boîte.

Mme Duval me propose toujours ses services. Moi, j'ai plutôt envie de lui proposer mes sévices.

Contrairement à la plupart des parents, Mme Dupont ne suit pas son enfant à l'école… Elle le précède.

Si on installait une pointeuse en salle des maîtres, ce serait sûrement la déléguée des parents qui ferait le plus d'heures.

La mère de Florence est encore là ! Elle s'imagine peut-être qu'on va lui prendre ses empreintes dans du ciment, comme sur Hollywood Boulevard ?

Ici, tu n'as pas besoin de montre : il y a la mère d'Ethel qui joue les horloges comtoises sous le préau chaque matin.

Chez le boulanger, quand tu as acheté ta baguette, tu t'en vas, non ? Alors, pourquoi les mères de maternelle, quand elles ont récupéré leurs petits, elles restent dans les couloirs ?

On devrait faire avec les mères d'élèves comme on faisait avec les chevaux au temps du Far West : les laisser à l'extérieur du saloon. Enfin, de l'école…

On va prétexter le plan Vigipirate pour demander à la mairie de mettre des panneaux « Dépose minute » devant le portail, pour les parents d'élèves.

Mme Durand, c'est la mère Sangria : elle n'est pas forte, mais comme j'en prends trop, elle me saoule !

Au lieu de stationner devant le portail en même temps, les trois mères déléguées devraient plutôt faire les trois huit !

Dans le hall, il faudrait faire installer des *sprinklers* qui détectent la chaleur humaine et qui se déclencheraient dès que la classe commence.

Mme Dubois est anorexique, mais ça ne l'empêche pas d'être une boulimique des demandes de rendez-vous…

Dès qu'Aline patine, sa mère lapine se radine… et sonnez les matines !

Chaque matin, un quart d'heure avant l'ouverture, il y a déjà une dizaine de mamans devant le portail. Elles espèrent pouvoir entrer, ou quoi ? Elles n'ont toujours pas compris qu'on joue à guichets fermés ?

La mère de Jeanne, c'est tout le contraire du coquillage, la palourde.

Les films X sont interdits aux mineurs. L'école devrait être déclarée – X, interdite aux majeurs.

VI.
Ils n'ont pas inventé la poudre

« Il y a beaucoup à apprendre des sots,
à condition que ce soit soi-même qu'on étudie en eux. »

MALCOLM DE CHAZAL,
écrivain mauricien (1902-1981)

La déléguée des parents, elle a plutôt délégué son cerveau.

Le papa doit être fan de Frédéric Dard[1] : le fiston parle comme Bérurier.

Brejnev, comme ministre, il avait Gromyko. Moi, comme parents d'élèves, j'ai « Gros nigaud » et « Gros mytho ».

1. Auteur de *San Antonio*.

Après la grenouille qui veut se faire aussi grosse que le bœuf, voici la mère de Corentin qui veut corriger les devoirs de son fils.

Bruno a des parents abscons : absents et cons.

Le père de Christophe, c'est le chaînon manquant dans l'évolution de l'espèce humaine.

Si tu veux apprivoiser la mère de Vladimir, il faut lui sortir des phrases simples : sujet, verbe, compliment.

Leur fils est beau et intelligent. Il leur a vraiment tout pris !

Vu ce qu'elle fume et ce qu'elle profère comme stupidités, la mère d'Alexandra a plus de risques d'attraper un cancer des poumons qu'une tumeur au cerveau !

C'est le père de Xavier qui a fait les devoirs de son fils. Je l'ai deviné parce que c'était truffé d'erreurs.

Hier, à la réunion, le père de Françoise n'a dit que des âneries. Et encore, ce n'est pas gentil pour l'animal.

La mère d'Éric se la pète parce qu'elle a fait maths sup. Maternelle supérieure, ouais !

Son père s'appelle Albert. C'est vraiment son seul point commun avec Einstein.

Les parents de Fabien forment un couple très uni. Ils partagent leur unique neurone depuis dix ans.

À mon avis, la mère de Johnny doit plus se servir de son cul que de son QI.

Le père de Laurent m'a rédigé un mot. Il écrit comme un pied. Et encore, un pied chaussé de botte.

Ce n'est pas possible ! Pour être aussi bêtes, ses parents doivent prendre des cours du soir !

Le père de Mike n'a pas eu de chance : la greffe du cerveau n'a pas pris.

Le problème des parents de Gilles, c'est qu'ils sont convaincus qu'à son âge ils étaient meilleurs que leur fils.

Les parents d'Herbert sont des spécialistes de la 4G : ils sont Graves puissance 4.

Le père d'Alexia n'est pas vraiment futé. Si on lui mettait la tête sur une meule, je me demande même si ce n'est pas la pierre qui s'userait.

Les parents d'Oscar en tiennent tous les deux une sacrée couche. Lui côté réflexion, elle côté maquillage.

Tu as lu le mot de la mère de Bastien ?... Vu l'écriture, elle devait porter des gants de boxe. Et vu le contenu, elle avait dû emprunter le cerveau d'un boxeur.

La maman d'Hervé, c'est l'*Encyclopædia universalis* du néant.

Pour venir me voir, Mme Dupont n'a pas besoin de son mari, elle est largement assez stupide pour deux.

On dit que la nature a horreur du vide. Grâce au père de Yannick, j'ai la preuve que c'est faux.

J'imagine qu'au CE2, Geneviève est vierge. Ce dont je suis sûr, en revanche, c'est que sa mère est du signe de la Balance : tarée.

M. et Mme Dupont ont pris le train avec les autres parents d'élèves, mais ils ont laissé leurs bagages intellectuels sur le quai.

Il y a l'étalon or. Le père d'Elisabeth, lui, c'est l'étalon de la bêtise.

À 30 ans, M. Durand sait déjà lire. Suspense : saura-t-il écrire avant sa fille ?

La mère d'Ursula adore les belles toilettes. Hier, par exemple, elle m'en a mis plein la vue avec son camaïeu de bêtises.

Les parents de Denise n'ont rien capté à la réunion sur l'orientation. Ils ne doivent pas avoir la Wi-Fi.

Le père de Patrick est encore plus bouché que le périph' parisien aux heures de pointe.

Demain, pour la réunion de parents, je vais demander le renfort de la BAC[1] (la Brigade Anti-Cons).

Sa mère à voir, c'est pire que la mer à boire.

1. Brigade anti-criminalité.

Les parents de Reynald sont de vrais bourrins et ils voudraient que leur fils gagne le Prix de l'Arc de triomphe !

Jʼai vu la mère de Romuald hier. Elle est pulpeuse côté formes, mais poulpeuse côté cerveau.

Le papa de Francianne est écologiste. C'est le père vert de la famille.

La voiture familiale brille plus par ses chromes que les parents d'Isidore par leur intelligence.

La mère de Jérôme s'attache à sa bêtise comme une bernique à son rocher.

Je suis sûr que si tu passais le film de la vie des parents de Léon au ralenti, tu apercevrais très clairement des images subliminales de connerie.

Le père d'Alban, c'est un mélange d'Al Pacino, Al Capone et Al Zheimer.

Lis un peu le mot du père de Gwénola : il mérite le prix Nobel de lignes et ratures !

Les parents d'Yvon, c'est comme Windows XP, il n'y a plus de mise à jour possible.

On n'est qu'en juin, mais les parents de Hyacinthe sont déjà out !

Normal que j'avoine les parents de Nicole quand je les vois, ce sont des bourrins !

Que ce soit la fille en classe ou les parents à la maison, dans la famille, il n'y a que le miroir qui réfléchit !

Son père est à la bêtise ce que l'Océan Pacifique est à une mare aux canards.

VII.
Ils boivent

« Lever matin n'est point bonheur,
boire matin est le meilleur. »

François Rabelais,
écrivain français (1494-1553)

Avec un père qui fait des comas éthyliques, pas étonnant que Flavien fasse des comas mathématiques.

Je ne mets que dix-neuf à Diane, parce que ses parents sont alcoolos et qu'ils ont le vingt mauvais.

Cinq minutes à respirer l'haleine de son père. Il ne faut pas que je prenne le volant tout de suite, je suis sûr que je serais positif.

Hier soir[1], après la mère Poulard, j'ai vu le père Soûlard.

Le père de Guillaume est parti en cure de désintoxication. C'est pour ça que le café du village a fermé.

Pas étonnant que Viviane piaille comme un poussin, avec un père coq au vin et une mère poule au pot !

Ce sont les parents de Gédéon qui boivent, mais c'est moi qui trinque en classe.

Le père de Kilian doit être plongeur : il est souvent soûlot.

Hier, j'ai reçu les parents de Victor : un sac à main accompagné d'un sac à vin.

Ses parents sont accros à l'alcool. Pas bêtes ! Ils savent que ça conserve les cornichons !

1. Au lendemain d'une rencontre parents-professeurs.

VIII.
Ils ont transmis leurs gènes à leurs enfants

« L'imbécillité me semble respectable si elle est génétique, héritée, pas si elle vient d'un choix, d'une prise de position délibérée. »

Mario Vargas Llosa,
écrivain péruvien (né en 1936)

Tanguy est le fruit d'amours défendues entre un blaireau et une couleuvre.

Le slogan de la famille Duval, c'est *United conneries of Benetton.*

C'est le mariage de la carpe et du lapin : leur fils est muet en classe et ne marche qu'à la carotte.

C'est la première fois que je vois des chromosomes XX, associés à des chromosomes XY, qui donnent des cellules QQ.

J'ai vu les parents de Mylène. Pour leur fille, j'abandonne. On ne peut rien face à la génétique.

Un gamin si gentil ! Il y a dû y avoir échange de berceau à la naissance…

Pas de chance pour Donovan : ses parents ont donné tous les neurones qu'ils avaient en stock à sa grande sœur.

On n'y peut rien s'ils ont paramétré leur fils pour qu'il ne sorte que des stupidités !

C'est la famille couscous. Le père est un poulet et les trois enfants sont trois pois chiches qui pédalent dans la semoule.

Les Durand font leurs gamins comme leurs gamins font leurs devoirs : en copier-coller.

Évidemment, que le fils plane, les parents sont constamment en *jet lag* intellectuel !

Telle mère, telle fille : ce sont deux poupées barbantes.

Le papa fait un peu ours. C'est sans doute pour cela que le fils hiberne en classe.

Le petit dernier des Dubois, c'est vraiment une fin de série.

Quand tu vois l'intelligence du fils et la bêtise du père, tu ne peux que lui conseiller un test ADN.

Attention ! Leur gène familial de la bêtise a muté : le fils a celui de la connerie !

J'ai lu que la viande rendait intelligent. Je comprends tout maintenant : les parents de Daphnée sont végétariens !

Le fils ne fait rien en classe et le père est en prison. Bref, l'un bulle autant qu'un poisson, l'autre vole autant qu'un oiseau.

La mère d'Hippolyte est tendance bobo, et son père est plutôt beauf. Forcément, mon élève est bobeauf.

Les formes de la mère sont comme l'écriture de la fille, tout en pleins et en déliés.

Les parents ont un nom à particule, mais vu le niveau du gamin, ça doit être une particule élémentaire.

Chez les Durand, la puissance de nuisance des parents se chiffre en mégawatts, alors que la puissance de travail de leurs gamins ne dépasse pas 25 ouates.

IX.
Leur physique ne laisse pas indifférent

« À vingt ans, on a le physique que nos parents nous ont donné.
À quarante, on a celui de son âme. »

Anonyme

Le père d'Inès pue le bouc. Mais ce n'est pas surprenant, vu que sa fille est une chèvre.

Côté esthétique, les parents de Kristen me font penser à un couple de faisans.

J'ai vu les parents de Titouan. Je leur mets un dix. Lui, sec et droit comme le chiffre 1, et elle, ronde et vide comme un zéro.

Physiquement, M. et Mme Duval, ce sont Laurel et Hardy. Mentalement, ce sont les deux niais du culte.

Le fils est une andouille et la mère est un boudin. Le père doit être charcutier !

Une chose est sûre, ce n'est pas en voyant la mère de Maeva que je vais succomber à la cristallisation de Stendhal sur l'amour.

Si vous aviez vu le thon avec lequel le père de Laëtitia m'a parlé !

Mme Dubois n'écoute pas mes conseils. Ce ne sont pas des boucles d'oreilles qu'elle devrait porter, c'est un appareil auditif.

Les parents de Falène ont tous les deux les mollets décorés. Le père de tatouages, la mère de varices.

Le décolleté de la mère est aussi profond que la bêtise du père.

Amusant : Mme Duval est un canon, et son fils un boulet !

Je m'inquiète : c'est l'élection des délégués des parents d'élèves ou l'élection de Miss Boudin 2015 ?

Maintenant je comprends pourquoi le fils est un fayot : les parents sont tous les deux taillés comme un haricot vert !

X.
Les réunions parents-profs sont épiques

« La réunion, forme professionnelle
de la démocratie participative,
est conçue pour accorder la prise
de parole à tous ceux auxquels on refusera
ensuite l'accès à la décision. »

PHILIPPE BOUVARD,
journaliste français (né 1929)

Les réunions de parents, c'est comme la messe : il y a de moins en moins de fidèles.

De Gaulle disait que les Français étaient des veaux. Après chaque réunion avec les parents, je me sens profondément gaulliste.

L'entretien avec les parents de Rachida fut orgasmique : bref mais intense.

Pendant l'entretien, la mère de Sonia brassait de l'air et son père me le pompait. J'avais la climatisation gratuite.

Les réunions avec les parents, ça devrait faire comme les campagnes militaires : compter double pour la retraite. Et en plus, on n'a même pas de prime de risque !

Les parents de Roland n'entendent rien à ce que je leur dis, mais c'est normal : le son ne se propage pas dans le vide…

Pour défendre son fils, Mme Dubois me l'a joué téléréalité, avec cris et pleurs. Mais mon vote a été sans appel : je l'ai éliminée, et elle est repartie chez elle.

Le prénom du délégué des parents au conseil de classe des 5^{e}C, c'est Jérémy ou « jérémiades » ?

Ce soir, à la réunion, ça m'étonnerait qu'il y ait beaucoup de parents. Ils vont rester chez eux : il y a un vent à décorner les bœufs.

En classe, avec l'acné de leurs gamins, c'est *La Guerre des boutons*, et lors de la réunion des parents, c'est *La Guerre des bouffons.*

Ce soir, j'ai rendez-vous avec le père de Kevin. Par précaution, j'ai apporté une muselière.

Je le convoque pour son fils et il me parle de sa femme pendant une demi-heure. Je vais lui réclamer les honoraires d'un psy.

Ne vous inquiétez pas si ça bipe régulièrement pendant la réunion avec les parents : j'ai apporté mon détecteur de cons.

Force est de constater que l'espèce des parem-merdeurs n'est pas en voie de disparition !

La mère de Bénédicte a voulu me prendre de haut. Mais comme elle mesure 1,60 m à tout casser…

La présidente des parents a la banane. C'est sans doute parce qu'elle a été élue avec un score de république bananière.

Hier, à la réunion parents-profs, j'ai vu le petit coq et la mère poule de Priscilla. Je me suis brouillé avec œufs.

S'il y a une dinde[1] que je n'ai pas envie de me farcir, c'est bien la mère d'Ugolin !

Quand je vois les parents surgir[2] et se précipiter dans la cour dès l'ouverture du portail, j'ai l'impression d'être un GI à Pearl Harbor[3].

Fais gaffe, ils sont tordus[4] : ils ont gagné la coupe des vices.

1. Avant la réunion parents-professeurs de décembre.
2. Avant une réunion parents-professeurs.
3. Base navale américaine attaquée par les Japonais le 7 décembre 1941.
4. À un collègue qui se rendait à un entretien avec des parents d'élèves.

Méfie-toi du père : avec sa tête de chameau, il déblatère[1] sur toute l'école…

En 1917 à Paris, un officier américain a dit : « La Fayette, nous voilà ! » En 2015, à Sarcelles, moi, petit prof de banlieue français, je dis : « La Fayote[2], me voilà ! »

Ma patience en cours a des limites, mais pas leur bêtise en entretien.

J'ai rendez-vous avec le père de Valentin. Je vais pouvoir faire focus sur le faux-cul.

Le père doit être un gynécologue consciencieux : pendant l'entretien, il n'a fait que perfectionner son toucher nasal.

1. Le chameau blatère.
2. Juste avant d'aller voir une mère d'élève connue pour son hypocrisie.

XI. Le niveau de leurs enfants est catastrophique

« Le cancre se vit comme sachant un tas d'autres choses
que ce que vous prétendez lui apprendre,
mais il ne se vit pas comme ignorant
ce que vous savez. »

Daniel Pennac,
écrivain français (né en 1944)

C'est le principe de l'assolement triennal. Cette année, le cerveau d'Ismaël est en jachère.

Je vais demander à l'UNESCO de classer la copie d'Armand au patrimoine mondial de l'inanité.

Pour la sortie de demain avec les 4eD, j'ai prévu une charrette de foin pour le pique-nique.

Ma salle de cours, au deuxième, c'est l'Everest de Ronald. Chaque fois qu'il y grimpe, il manque d'oxygène.

Khalil a pulvérisé Gagarine : ça fait dix ans qu'il est en orbite.

Le niveau des océans monte et celui des élèves baisse, ça compense.

Lucky Luke a Rantanplan. Moi, en 5eC, j'ai Otman.

J'ai des moules en face de moi. Je fais de la conchyliculture, et eux, ils conchient la culture.

En classe, il lâche des gaz, mais ce n'est pas pour autant que côté résultats, ça l'aide à décoller.

Mince ! Dans les fournitures scolaires, j'ai oublié de demander à mes 4eB d'apporter quelques neurones !

Bon… J'y vais… J'ai cours avec les 3eA. Ça va être dur, je n'ai pas mon diplôme de réanimateur.

Vu que dans sa classe, il lui était trop difficile d'être leader, dans la rue, il est devenu dealer.

Personne n'aurait vu un neurone en salle B 104 ? Katia a perdu son dernier !

Tu poses une question à Noémie, elle te répond instantanément une ânerie. C'est un vrai distributeur de bêtises.

Tel qu'il est parti, je le vois obtenir haut la main sa licence de feignasse, puis son master de glandouille. Les deux avec mention spéciale du jury.

Avec Nadjer, ce n'est pas *Il était une fois dans l'Ouest*[1], c'est *Il est toutes les fois à l'Ouest*.

Dans ma classe de terminale, côté cerveaux, c'est la phase terminale.

1. Titre d'un western de Sergio Leone.

Ophélie est incollable sur Beethoven. Rassure-toi, le chien du film, pas le compositeur !

Il y a des cerveaux pleins qui pensent Ovide. Mickaël, lui, c'est plein la panse et cerveau vide.

Au moins, Perrine n'attrapera jamais de rhume de cerveau : il n'y a pas assez de matière.

Yaëlle confond la première avec une marche arrière.

Alléluia ! On a identifié le prophète envoyé sur terre par le Dieu des imbéciles. Il se cachait chez les 3^{e}D !

La clim interne de Roxane était en panne. Du coup, il y a eu surchauffe du cerveau.

C'est peut-être parce qu'il est fainéant comme une couleuvre qu'il a un cerveau reptilien.

Philibert se contente d'avoir la moyenne. De la moyenne.

La différence entre Ulrich et un élève moyen est sensiblement la même qu'entre une trottinette et une Formule 1.

Les 3^{e}E sont bêtes à manger du foin. Et avec la sécheresse, ça va être la pénurie.

Qu'est-ce qu'on peut faire avec cette classe, à part jouer aux cerveaux lents ?

Vu la vitesse à laquelle Bérénice écrit, elle ne risque pas de se faire flasher.

Plus tard, Irma voudrait faire la une de *Voici*. En attendant, elle fait la dernière de la classe.

Gaspard m'a dit qu'il ne comprenait pas. Je l'ai rassuré en lui répondant que je lui réexpliquerais l'année prochaine.

Si la bêtise tuait, je serais au chômage.

À l'épreuve orale, dès que Sylvie commencera à parler, son examinateur va se transformer en exterminateur.

Les Dupont ont acheté leur gamin modèle de base. Ils auraient quand même pu prendre au moins l'option cerveau.

Quand je monte faire cours aux 6^{e}C, j'ai l'impression d'être dans les alpages, avec toutes les cloches qui m'entourent.

Il faut avoir le cœur bien accroché pour subir son cerveau bien décroché.

J'enseigne au futur James Bond. Regarde ses notes : zéro, zéro, sept !

Yanis écrit en pattes de mouche et dort en classe. Ce n'est pas un élève, c'est une mouche tsé-tsé.

Gabriel, c'est un mélange d'Einstein et de Ribéry. Einstein pour le foot, Ribéry pour le cerveau.

Quel aventurier ! Après les abysses du néant, Timothée s'attaque à l'Everest de la bêtise !

Je décerne à Zoé la palme d'or du festival des ânes.

Cindy n'a pas voulu se surcharger pour venir au collège. Du coup, elle a laissé son cerveau à la maison.

Déjà vingt ans d'enseignement ! À force de prêcher dans le désert, j'ai l'impression d'être un Bédouin.

J'ai corrigé le devoir de Sabrina. Il est plus court que le menu d'un McDo, et encore plus indigeste.

Victor veut faire sports-études, mais moi, je lui conseille plutôt sports tout court.

La nuit, j'observe la voûte céleste et je me dis qu'à chaque bêtise proférée par un de mes élèves est apparue une étoile.

Que ce soit la semaine au collège ou le week-end à la maison, je joue au jardinier : je cultive des plantes vertes.

Si vous voulez faire une crèche vivante pour fêter Noël, j'ai tout un stock d'ânes et de bœufs à votre disposition chez les 3[e]D…

Les 4[e]C seront incapables de lire *Les Misérables.* Je vais plutôt les emmener voir Quasimodo à Eurodisney.

Pythagore, pour Émilie, c'est le triangle des Bermudes.

Dans les contes, c'est la fumée qui se transforme en génie, mais là, c'est le génie de Chimène qui est parti en fumée.

La copie de Djibril sort du robinet : elle est tout juste potable et a un arrière-goût désagréable.

Sur la grille de départ du grand prix de la bêtise, Didier est en pole position.

Tu connais l'alphabête des 5eB ? Anatole, Blaise, Corinne, Dylan, Edmond…

Ce n'est sûrement pas dans ma classe que Rodin aurait pu trouver un modèle pour son *Penseur* !

Il paraît qu'au niveau national, il y a une fuite des cerveaux. Heureusement, dans notre collège, on n'a rien à craindre côté baisse des effectifs.

Les parents de Lilian, c'est *homo sapiens*, et lui, en classe, c'est homo ça pionce.

Manon échouerait même à un examen d'urine ! La seule chose qu'elle pourrait réussir, c'est le concours de circonstances, et encore !

Ma classe est en panne. Forcément, on a mélangé des élèves super avec des élèves diesel.

Mathis est l'as du trampoline de la bêtise : il rebondit sur chacune de ses âneries pour en sortir une encore plus grande.

Si Myriam passe la troisième sans accélérer, elle va caler en seconde.

Je suis allé à la pêche aux bonnes réponses, mais je suis rentré bredouille : mes 6ᵉC étaient muets comme des carpes.

En fait de chorale, les 4ᵉF, c'est plutôt la naze academy !

Les parents de Loïc doivent jouer aux échecs : leur fils les collectionne.

Si Émilie veut faire Centrale, il va falloir qu'elle fasse chauffer son cerveau ! Et comme elle a la

tête pleine d'eau, elle va se transformer en centrale vapeur !

Le père est parti de rien. Le fils suit ses traces : il n'arrive à rien.

Côté résultats, Ariane ne décolle pas. D'où mon Kourou[1].

Si en musique on travaille le son, c'est parce qu'on a des ânes en classe.

J'ai l'impression d'être le général d'un bataillon d'illettrés.

La seule chose qu'ils savent jouer, c'est *La Flûte en chantier*[2].

Tout est bon dans le cochon, et tout est mauvais dans ce torchon[3].

1. Ville de Guyane qui abrite le centre spatial.
2. De la part d'un professeur d'éducation musicale.
3. En corrigeant une copie.

Sa copie, c'est comme les truffes : il faut creuser pour trouver de bonnes choses.

Le phénix renaît de ses cendres, et le Félix se repaît de descendre[1].

Le gamin s'est pris une banane à l'interro. Du coup, les parents ont le banana spleen.

1. Au sujet d'un élève dont les résultats étaient en baisse.

XII.
Leurs enfants sont difficiles à supporter

« Ceux qui professent vouloir la liberté
et déplorent l'agitation sont comme le paysan
qui voudrait récolter sans avoir labouré. »

Frederick Douglass,
écrivain américain (1818-1895)

Les élèves, c'est comme les pets : on ne peut pas sentir ceux des autres.

Anthony s'agite tellement en classe que si je lui mettais un pot de crème fraîche sur la tête en début de cours, j'aurais du beurre à la fin de l'heure.

Franck étudie les langues étrangères. Je parle de ses conquêtes féminines.

Avec son appareil dentaire, Adranis a plus de fer dans la bouche que de plomb dans la tête.

Gabrielle, on dirait un oignon : tu as beau enlever plusieurs couches de bêtises, il y en a encore. Et tu pleures.

Chang pourrait jouer tout Molière : *Le Malade imaginaire, Le Misanthrope, Le Tartuffe,* etc.

Ludivine est une adepte de la réflexologie plantaire : elle pense comme ses pieds.

Il n'y a pas de chêne dans ma classe, et pourtant, qu'est-ce qu'on y trouve comme glands !

Je me suis fait escroquer : on m'a fait miroiter une place de prof, et je suis gardien de zoo.

Cette année, je suis professeur principal d'une classe composée de 28 adolechiants.

Toufik arrive toujours pile en retard.

Achille, c'est le Dieu pétomane de la classe : Éole pour le vent et Zeus pour le tonnerre.

1969 : Neil Armstrong marche sur la Lune.
2015 : Maxence n'en est toujours pas redescendu.

César a franchi le Rubicon, et moi, j'affranchis ce con de Rudy.

La plupart des élèves de la classe ont mûri. Mais Jessica, elle, elle a pourri.

Leur fils, dans mon cours, c'est plus un mateur qu'un matheux.

Je connaissais Supertramp, Superman et Supermenteur. Grâce aux 3[e]C, je connais maintenant Superglandeur, Supertricheur et Superdragueur.

Je suis Blanche-Neige. Dans ma classe, j'ai Timide, Joyeux, Grincheux, Simplet et Dormeur.

Il n’y a qu’au niveau de son ego que Tarik est le meilleur : c’est le barycentre de la classe.

Quand je fais cours aux 4eB, j’ai l’impression de jouer dans *La Planète des singes.*

Leur fille va bien : elle est en agonie intellectuelle stationnaire.

Dorian et les devoirs ? Il sait faire, mais il laisse faire ou il fait faire.

Je vais faire cours à des bœufs, mais c’est moi qui ai l’impression d’aller à l’abattoir.

Faire cours aux 5eB, c’est comme le sauna, ça me fait suer.

Milos est une mitraillette à bêtises, et il ne s’enraye jamais.

David pratique la boxe. Pas le sport, la téléphonie !

Il me pousse à bout, Abou.

En conjugaison, Héléna ne connaît que le verbe savoir à l'imparfait du subjonctif.

Plus tard, je vois bien leur fils à un poste important dans la culture. Cannabis, par exemple.

Ce matin, je n'ai pas osé interroger Marjolaine, car elle était déjà en surrégime : elle avait apporté ses affaires.

L'Amérique latine a le lac Titicaca, moi j'ai l'élève pipi caca.

Je l'appelle Iznogoud, parce que dans la classe, il veut devenir caïd à la place du caïd.

Ghislain ne dit pas que des bêtises, loin de là, il profère également un nombre non négligeable de stupidités.

Encore un stylo qui a disparu ! Il y a dans ma classe un EVNI (Élève Volant Non Identifié).

Herbert est arrivé en retard en cours parce qu'il était aux toilettes. Comme dit le proverbe : « Qui va à la chiasse perd sa classe » !

Ce matin, en cours, j'en avais une dizaine qui faisaient les clowns. Et j'avais vraiment envie de bouffer du bouffon.

Impossible d'évaluer Irina ce trimestre : mon déconomètre n'est pas assez puissant.

Nadji, c'est le roi pour mettre les pions en échec.

Mathieu a la bêtise autonome : il rit de ses propres âneries, et son rire alimente son imagination pour en dire d'autres.

Daniel n'arrête pas de lâcher des flatulences en classe. On n'est pas à Poudlard[1], mais il se prend quand même pour Harry Péteur.

La Marseillaise[2], son chant impur aggrave mes oreillons !

En classe, après une heure de composition, ça sent la décomposition.

À chaque début de cours, c'est toujours le même dilemme : dois-je essayer de les convaincre ou de vaincre les cons ?

Dans la vie, on dit que l'habit ne fait pas le moine. En tout cas, dans ma classe, l'Habib fait le zouave !

L'aînée des Dupond, ça va. Mais le cadet, c'est l'empereur de la famille. Quant au petit dernier, c'est le second en pire…

---

1. Allusion aux livres *Harry Potter*.
2. Un professeur d'éducation musicale, à propos d'une élève à l'accent du Midi qui chante faux.

Je ne sais pas si c'est le radiateur qui le chauffe ou lui qui chauffe le radiateur.

Vu le peu d'énergie qu'il dégage en travaillant, le seul domaine dans lequel il excelle, c'est son bilan carbone !

À la bourse de la bêtise, c'est le roi des traders : il capitalise sur ses âneries.

Chaque jour ou presque, il demande à aller aux WC. C'est un spécialiste du water, Paulo !

C'est l'heure. Je vais plonger dans le bocal des poissons de 4ème C. Et vu le dégagement d'hormones, j'ai interêt à y aller en apnée.

S'il lâche des gaz en cours, c'est parce qu'il a le cerveau qui fermente !

XIII.
Leurs enfants sont des tricheurs

« J'ai été expulsé du lycée pour avoir triché
pendant un examen de métaphysique ;
je lisais dans les pensées de mon voisin. »

WOODY ALLEN, réalisateur (né en 1935)

Gaëtan a tellement peu de mémoire qu'il a mis son nom sur son antisèche !

Encore les mêmes erreurs que son voisin. Au Moyen Âge, il aurait été moine copiste.

Côté carottes[1], Gérald est mon maraîcher le plus productif de la classe.

1. Antisèche.

Pour l'instant, il est à l'école, il s'entraîne. Mais plus tard, il travaillera chez Fauchon[1]. Avec un « s ».

Je surprends Nabila une antisèche dans la main et elle nie ! Mieux que Tapie lors de l'affaire VA-OM !

Ethel a fait son *coming out* : il m'a avoué que toute l'année il avait triché pendant les contrôles.

1. Célèbre épicerie fine de Paris.

XIV. Leurs enfants ont un physique particulier

« La beauté de l'âme l'emporte
sur la beauté physique. »

George Sand,
écrivain français (1804-1876)

Avec son anneau dans le nez et ses sabots, il ne manquait plus que des cornes à Lilian. Ça y est, c'est fait, sa copine l'a largué pour un autre.

En classe, quand Basile lève le doigt, on dirait ET.

Même si Lysa s'envole, ses parents sont sûrs de la retrouver : elle est baguée à chaque dent.

Mathis veut sans doute être bûcheron plus tard. Dans la cour de récréation, avec son cheveu sur la langue, il n'arrête pas de dire aux autres : « Tu fais scier ! »

Ce matin, dès que Kader est entré dans ma salle, j'ai senti qu'après le cours d'EPS, il avait encore mis son parfum Aisselle n° 5.

Tony Duval, de la 6ᵉC, on dirait un escargot : il est lent, il est mou, il bave et on ne sait pas de quel sexe il est.

Mike, avec sa salopette, quand il drague dans la cour, se prend plus de râteaux qu'il ne roule de pelles.

Priscilla est née à Bastia, mais ce n'est sûrement pas grâce à elle qu'on appelle la Corse « l'île de Beauté ».

Impossible de faire un voyage scolaire en avion. Avec tous leurs appareils dentaires, ils ne passeraient pas le portique de sécurité.

Avec sa crête et ses cuisses de poulet, Cyril est un véritable petit coq !

Les parents de Marina espèrent que je vais réussir à lui faire rattraper son retard en maths. Mais moi, je ne travaille pas pour Greenpeace, je ne suis pas payé pour sauver les baleines !

En cours, quand Gérald répond à mes questions avec son appareil dentaire, on dirait Canal+ sans le décodeur.

XV.
Du coup, les enseignants philosophent

« Un bon maître a ce souci constant :
enseigner à se passer de lui. »

André Gide,
écrivain français (1869-1951)

Ma grand-mère élevait des oies. Finalement, je suis dans la même branche : je gave les élèves.

L'élève a deux sauveurs : la sonnerie et Wikipedia.

Est-ce que l'enseignement évolue parce que les élèves régressent, ou est-ce l'inverse ?

2002 a dû être une année pluvieuse : la cuvée des 6es n'est pas terrible.

Il y en a qui mettent des lunettes pour voir un film en 3D. Moi, c'est le contraire : je porte des lunettes pour voir si les 3D ne me font pas un film.

Élève en retard à la Saint-Médard sera en retard quarante jours plus tard, à moins que dès la Saint-Barnabé il ne se mette à sécher.

En haut lieu, ils parlent de dyslexie, de dyspraxie, de dysorthographie ou de dyscalculie. En attendant, moi, mon problème, c'est la discipline.

Les élèves, c'est le contraire d'un réservoir GPL. C'est si tu ne leur fermes pas le clapet que ça explose.

Moi, je laisse les cancres mourir en paix : je suis contre l'acharnement pédagogique.

Comme on veut le bonheur des élèves, on les oblige à travailler pour plus tard. Mais si leur bonheur, c'est de ne pas travailler, *in fine*, on fait leur malheur…

Je ne comprends pas : si tu tapes bien dans un ballon, tu es un bon footballeur ; en revanche, si tu tapes bien dans un élève, tu es un mauvais prof.

Je vais revisiter Shakespeare pour mes élèves : *Stupid or not stupid, that is the question.*

Ma meilleure élève a un Y dans son nom et son prénom, c'est « Hélène ». Elle est prédestinée à étudier le grec.

C'est en demandant le silence à mes élèves que j'ai trouvé ma vocation : taxidermiste.

Les parents me trouvent trop laxiste ? Eh bien à partir d'aujourd'hui, je vais être laxatif. Et ça va chier !

Le délégué des parents au conseil des 4^{e}B, c'est le maître Vergès[1] des élèves, il ne défend que les cas désespérés.

1. Avocat, entre autres, de Carlos et Klaus Barbie.

Ça fait déjà quatre fois que je convoque les parents de Lucien. Je vais leur proposer un abonnement, ça leur reviendra moins cher.

Entre la 6e et la 3e, tout diminue : la motivation des élèves, le poids des cartables et la pression des parents.

Quand tu vois les mères d'élèves arriver avec leur chien attaché à la poussette du petit dernier, tu as l'impression d'assister à une course de traîneaux.

J'aimerais tellement enseigner en théorie ! Parce qu'en théorie, tout se passe bien…

Plus tard, Léna veut faire Sciences-po. D'habitude c'est le contraire…

Au moins, le lama, il te crache dans la figure. Parce que les parents de Yolande, c'est dans ton dos.

Le conseil de classe pèse autant sur les décisions des parents que notre président sur la scène internationale.

Depuis que les parents savent que les devoirs sont interdits, ils s'imaginent qu'ils n'ont que des droits…

Table des matières

Du même auteur

Mots d'excuse, l'Intégrale, Michel Lafon, 2014.
Journal d'un directeur d'école, J'ai Lu, 2014.
Mots d'excuses illustrés, Poche, 2012.

conception
réalisation
mise en page
pca
44405 Rezé cedex

Ouvrage publié
sous la direction de Claude Fournier

Imprimé en Espagne

Dépôt légal : Avril 2015
ISBN : 978-2-7499-2525-7
LAF 2009